프랑스어 편지쓰기

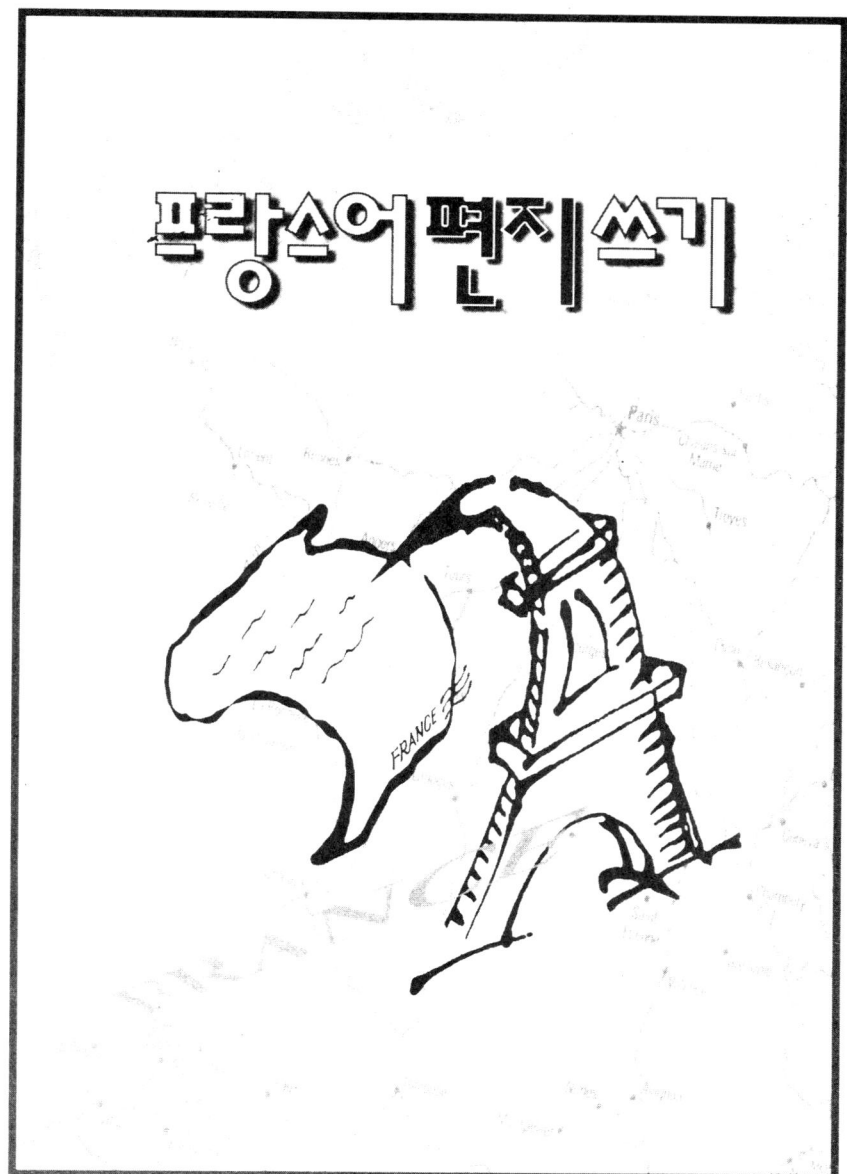

편저자   조항덕
　　　　프랑스 빠리 4대학(소르본) 언어학 박사
　　　　현재 숙명여자대학교 불어불문학과 교수
　　　　저서 〈프랑스어 문법I〉외 다수

프랑스어 편지쓰기

초판 1쇄 인쇄 · · 1998년 5월 15일
초판 1쇄 발행 · · 1998년 5월 20일
편저자 · · 조항덕
발행인 · · 서덕일
발행처 · · 도서출판 문예림
출판등록 · · 1962년 7월 12일 제2-110호
주소 · · 서울 광진구 군자동 195-21호 문예B/D 201호
전화 · · (02) 499-1281~2 팩스 · · (02) 499-1283
ISBN · · 89-7482-095-1   13760

✱ 잘못된 책은 구입하신 서점에서 교환하여 드립니다.
　 지은이와 협의에 의해 인지는 생략합니다.

저자의 말

오늘날의 외국은 먼 나라가 아니다. 오히려 나의 이웃집보다 더 잘 알 수 있는 가까운 나라가 되었다. 멀리 떨어진 외국에서 벌어지는 일들이 마치 나의 눈앞에서 벌어지는 것처럼 금방 알 수 있게 되었다. 텔레비전을 위시하여 전화 또는 컴퓨터의 통신을 통해서 외국 사람들과 가깝게 접할 수 있게 된 것이다. 그야말로 세계화, 국제화의 시대가 무엇인지를 실감할 수 있는 시대에 접어들었다. 이런 상황 속에서 외국 사람들과의 협조는 더욱 긴밀하여졌고 상호 의견의 교환은 일상적인 일이 되어 버렸다. 이렇게 긴밀하게 돌아가는 세계 속에서 빠르고 간편한 의사전달 수단은 전화나 인터넷 통신일 것이다. 이에 비해 편지의 교신은 시간도 많이 걸리고 편지를 쓰기 위한 노력도 적잖은 시간을 빼앗아가는 시대에 맞지 않는 의사전달이라고 여겨지기 쉽다.

그러나 편지는 나름대로의 장점을 갖고 있다. 편지는 오래전부터 사람들 사이에 널리 통용되어온 중요한 의사전달 수단이다. 똑같은 내용을 전달할 때에 전화로 하는 것보다 편지로 하는 것이 훨씬 무게있고 정중해 보인다. 말로 표현하지 못하는 내용을 편지로 띄어 보내는 경우도 있다. 또한 말로 전하는 것은 금방 잊어버릴 수 있으나 편지는 오래 남아 세월이 흐른 뒤에 다시 반추해 볼 수 있는 여유롭고 낭만적인 의사전달 방법이다.

프랑스어 편지쓰기는 특히 어렵다. 프랑스 말을 잘하는 사람일지라도 편지를 제대로 쓰지 못하는 경우가 많다. 프랑스어 편지는 일정한 격식이 있으며 표현에 있어서도 일상적 대화체의 표현과는 차이가 나기 때문에 프랑스어 편지를 쓰기 위해서는 편지에 맞는 격식과 표현들을 익혀야 하는 것이다.

본 프랑스어 편지쓰기에는 각종 편지 양식과 주의해야 할 사항들을 설명하였으며, 내용상으로는 일상 생활에 관한 것, 가톨릭 세례에 관련한 것, 상업용 편지에 관한 것, 애정 표현에 관한 것, 프랑스에 거주하면서 겪을 수 있는 전세 계약이나 아동의 학교 생활에 관한 것, 등 다양하게 꾸며져 있다. 다만 여기에 실려 있는 편지들은 그것이 전부는 아니며 단지 하나의 모델에 불과하기 때문에 상황에 따라, 그리고 편지 쓰는 사람과 받는 사람의 지위에 따라 그 표현법이 달라질 수 있음을 상기하기 바란다.

본 프랑스어 편지쓰기의 모델은 Le guide du courrier facile, Claude Ovtcharenko, Marabout, 1990, La correspondance,

Gisèle d'Assailly, Marabout, 1978, La correspondance, Jean-Yves Dournon, Le livre de poche, 1977을 기초로 하였으며 우리의 현실에 맞게 내용을 재구성하였다.

  본 프랑스어 편지쓰기가 기초가 되어 프랑스어로 편지쓰는 방법을 터득하는데 도움이 되기를 바라며, 내용상 수정되어야 할 부분들은 독자들과 함께 의견을 교환함으로써 더 나은 프랑스어 편지 모델을 만들기를 제안한다. 아울러 이 자리를 빌어 이 책이 빛을 보도록 애써주신 문예림의 서덕일 사장님께 감사의 뜻을 전한다.

1998. 5

편 저 자 씀

차례

저자의 말 • 5

 편지 봉투 쓰는 요령 • 13

1. 편지 봉투 규격 • 14
2. 편지 봉투의 앞면 • 15
3. 봉투 쓰기 • 15
4. 약자의 사용 • 16
5. 성명, 직함, 직제에 관한 명칭 • 18
6. 그밖의 사항들 • 19

 편지 쓰는 요령 • 20

편지의 첫부분 • 21

1. 날짜와 장소 • 21
2. 서두 • 22
   2.1 주의해야 할 사항 • 23
   2.2 사적인 편지의 서두의 예 • 25

편지의 맺음 • 27

서명 • 41

 상업용 편지 쓰는 법 • 42

 편지의 실례 • 46

1. 가톨릭 세례에 관련된 일 • 46
   1.1 상관에게 대부가 되어줄 것을 부탁 • 47
   1.2 친구에게 대모가 되어줄 것을 부탁 • 48
   1.3 친구에게 대부가 되어줄 것을 부탁 • 49
   1.4 긍정적인 답장 • 50
   1.5 부정적인 답장 • 50

2. 사랑의 편지 • 52

    2.1 남자가 여자에게 사랑을 고백할 때 • 52
    2.2 긍정의 답장 • 53
    2.3 망설이는 답장 • 55
    2.4 부정의 답장 • 56
    2.5 유명한 사랑의 편지 • 57

3. 구직에 관한 편지 • 73

    3.1 구직 신청 편지 • 73
    3.2 광고를 보고 구직 편지 • 74
    3.3 이력서를 보낼 때 • 75
    3.4 이력서의 한 예 • 76

4. 추천서 • 79

    4.1-a 직원을 채용하려는 사장에게 • 79
    4.1-b 사장에게 추천 • 80
    4.2 친구에게 추천장을 써달라고 부탁하는 편지 • 81
    4.3 광고 • 82

5. 직장 업무에 관한 편지 • 83

    5.1 사직서 • 83
    5.2 계약 만료 수당 지급의 요구 • 83
    5.3 결혼에 의한 휴가의 요청 • 85
    5.4 아버지나 어머니의 사망에 따른 휴가 요청 • 86
    5.5 사장에게 임신 상태를 알리는 편지 • 87
    5.6 재직 증명서 요구 • 88
    5.7 초과 근무 수당 요구서 • 89
    5.8 해고 이유 요구서 • 90
    5.9 근무 경력 증명서 • 91

차례

6. 관광 정보 요구 및 예약 • 93
- 6.1 여행 안내소에 정보 요구 • 93
- 6.2 호텔 사장에게 호텔에 관한 정보 요청 • 93
- 6.3 예약 • 94
- 6.4 빌라에 대한 정보 요청 • 95

7. 물건 사기와 주문하기 • 97
- 7.1 텔렉스로 주문하기 • 97
- 7.2 텔렉스로 방 예약하기 • 99
- 7.3 텔렉스로 약속하기 • 100
- 7.4-a 편지로 물품 주문하기 • 101
- 7.4-b 주문 편지 • 103
- 7.5 물품 주문하기 앞서 정보 요구 • 103
- 7.6 주문 편지에 대한 답장 • 105
- 7.7 주문에 따른 이의 신청 • 107
- 7.8 사려고 하는 가정용 기구에 대한 정보 요구 • 109
- 7.9 카탈로그에서 선택한 물품을 주문하기 • 110
- 7.10 이미 지불한 청구서에 대한 이의 제기 • 111
- 7.11 택배 요구 • 112
- 7.12 배달 독촉 • 113
- 7.13 계약서나 송장에 제시된 보증의 적용 요구 • 114
- 7.14 보증에 의한 물품의 교환 요구 • 115
- 7.15 직업 책임상의 보증 요구 • 116
- 7.16 강매에 항의하는 편지 • 117
- 7.17 공증인의 사례금과 비용에 대한 증빙 요구 • 119
- 7.18 공증인의 청구서에 나타나는 몇가지 비용에 대한 해명 요구 • 120
- 7.19 광고물 발송 목록에서 이름 제거 요구 • 121

8. 이의 제기나 항의 편지 • 122
    8.1 체신부에 이의 신청 • 122
    8.2 밤늦게 까지 소음을 내는 이웃에게 쓰는 편지 • 123
    8.3 약속을 못지킨 경우 사과 편지 • 125

9. 훈장을 받든가 영예로운 수상을 하였을 때 쓰는 편지 • 126
    9.1 훈장을 받았을 때 • 126
    9.2 레지옹도네르 훈장을 받았을 때 • 126
    9.3 훈장을 받은 스승에게 • 127
    9.4 진급한 친구에게 축하 • 128

10. 감사 및 축하의 편지 • 129
    10.1 은사님께 취직했다고 알리는 편지 • 129
    10.2 저자에게 축하하는 편지 • 130
    10.3 선물에 대한 감사 • 131
    10.4 책 선물에 대한 감사하는 편지 • 131
    10.5 베토벤이 J.A.Stoumpff에게 보낸 감사 편지 • 132

11. 주거에 관한 편지 • 134
    11.1 상태 점검과 유예 사항 • 134
    11.2 3개월의 임대 계약 해지 편지 모델 • 135
    11.3 집주인에게 영수증 요구 • 137
    11.4 집주인에게 수리 요구 • 138
    11.5 보증금 반납 요구 • 139

12. 학교에 관련된 편지 • 141
    12.1 학교장에게 학교 등록을 요청하는 편지 • 141
    12.2 장학금 요구 • 142
    12.3 결석에 대한 사과 편지 • 143

차례

12.4 선생님에게 아이가 아프다고 용서를 구하는 편지 • 143
12.5 학교 숙제를 하지 않은 아이에 대해 용서를 구하는 편지 • 144
12.6 벌받은 것에 대한 해명 요구 • 145
12.7 프랑스에의 유학을 원할 때 • 146

13. 출생에 관한 편지 • 149
13.1 광고 • 149
13.2 전보 • 149
13.3 아빠가 된 친구에게 축하 • 150

14. 조의 편지 • 152
14.1-a 상관에게 조의를 표함 • 153
14.1-b 조의 • 153
14.1-c 조의 • 153
14.2 친구에게 조의를 표함 • 154
14.3 미망인에게 조의를 표함 • 155

15. 연하장 • 157
15.1 자주 만나지 못하는 사람에게 서원 • 157
15.2 연하장의 여러 양식 • 158
15.3 사장에게 서원 • 158
15.4 과장에게 서원 • 159
15.5 가족에게 서원 • 160
15.6 도움을 준 사람에게 서원 • 160
15.7 사랑하지만 만나지 못하는 사람에게 서원하는 편지 • 161
15.8 서원에 대한 답장 • 163

 유용한 표현들 • 164

 편지 봉투 쓰는 요령

편지 봉투는 일반적으로 편지지와 어울리게 한다. 편지지는 색깔이 있는데 봉투는 흰색이든가 그 반대의 경우는 권장할 만한 일이 아니다. 편지 봉투가 내면지로 덮여 있으면 훨씬 고상해 보이며, 혹시라도 누군가가 투사기를 통해 읽어보지 못하도록 하는 효과도 있다. 때로는 봉투의 안쪽 면에 무늬가 그려져 있어 투사기를 통해도 편지를 잘 읽을 수 없는 경우도 있다. 그리고 편지를 봉투 안에 넣기 전에 상대방이 봉투를 개봉할 때 편지가 같이 찢어지지 않도록 신경을 쓰는 것이 좋다.

 다음은 일반적으로 프랑스에서 통용되는 편지 봉투 쓰는 요령이다. 편지나 엽서는 무게가 20g을 넘지 않는 것이 보통이다.

1. 편지 봉투 규격

프랑스에서의 편지 봉투는 가로 세로의 비율이 황금 분할에 해당하는 1.4 대 1이 되게 한다.

	최 소 규 격	최 대 규 격
보통의 편지	가로 140mm 세로 90mm 두께	235mm(2mm 초과 허용) 120mm 5mm
엽 서	가로 140mm 세로 90mm	148mm(2mm 초과 허용) 105mm

이외에도 다음과 같은 표준화된 규격의 봉투들이 있다 :
  90×140mm, 110×155mm, 114×162mm, 110×220mm

2. 편지 봉투의 앞면

편지 봉투의 앞면은 수신자가 편지를 제대로 받을 수 있도록 주소를 적어 놓는 곳인데 네 부분으로 나누어진다.

1. 우표 붙이는 부분
2. 수신자의 주소를 적는 부분
3. 색인 표시를 넣는 부분
4. 발신자의 주소를 적는 부분

이 네 부분들의 경계는 어느 정도 지켜지는 것이 좋다. 이를 예시하면 다음과 같다.

발신자의 성명 주소	우표 붙이는 부분
	수신자의 성명 주소
	색인표시를 넣는부분

◀---------- 최대 140mm ----------▶

여기에 몇가지 보충적인 사항을 들어 보면 다음과 같다.

1. 흰색의 봉투나 엽서를 사용하라. 색깔이 있는 경우에는 아주 옅은 색의 봉투를 사용하라.
2. 봉투의 종이는 불투명해서 안에 들어있는 내용물이 비치지 않아야 한다.
3. 주소의 글자는 알아보기 쉽게 또박또박 쓰라.
4. 창이 있는 봉투를 쓸 경우에는 창이 적어도 오른쪽 끝에서 15mm, 아래쪽 끝에서 20mm, 위쪽 끝에서 40mm 이상 떨어져 있어야 한다.
5. 창은 어떤 종류의 테이프로 둘러싸여 있거나 색깔있는 선으로 그어져서는 안된다.

3 봉투 쓰기

1. 주소를 기록하는 부분이 6줄 이상 되지 않도록 정리하라. 보통은 3줄 이상이 되지 않는다. 각 줄의 사이에는 여백을 두어 알아보기 쉽게 하라.

2. 주소에 들어갈 사항들은 가지런히 줄에 정열하여야 하며 작은 항목에서부터 큰 항목의 순서로 쓴다. 다시 말해 발신자의 이름부터 기재하고 도로명, 도시명, 우편번호, 국가명의 순서로 기재한다.

예

Monsieur Henri Lecomte	앙리 르꽁트 씨 귀하
Escalier C Bâtiment F	계단 C, 건물 F
24 rue de la Convention	Convention 도로 24번지
37000 TOURS	뚜르 (우편번호 37000)
France	프랑스

수신자의 이름을 전부 대문자로 쓰지 않아도 되나 도시명은 대문자로 쓰는 것이 좋다.

3. 우편번호 5자리수는 떼지 않고 이어서 쓴다.
4. 마지막 줄에 밑줄을 긋지 말라.
5. 주소를 쓰는 가운데 마침표나 쉼표와 같은 부호를 쓰지 않는다.

4 약자의 사용

1. 편지의 수신국 이름을 쓰는 철자 가운데 ST(Saint의 약자)나 STE(Sainte의 약자) 만이 약자로 허용된다.
2. 반드시 필요한 경우 이외에는 약자를 쓰지 않는다. 다음의 경우는 프랑스 체신부(P.T.T.)에서 허용되는 약자들이다.

Allée: ALL (골목길)	Passage: PAS (통행로길)
Avenue: AV (대로)	Place: PL (광장)
Boulevard: BD (대로)	Quai: QU (하안로, 해안로)
Chemin: CHE (소로)	Route: RTE (도로)
Cours: CRS (내부 도로)	Square: SQ (광장)
Impasse: IMP (골목길)	

3. 발신인의 이름(성이 아닌)은 약자로 쓸 수 있으나 수신인의 이름은 약자로 쓰지 않는다.

4. 도로의 이름은 어떠한 경우에도 약자로 쓰지 않는다. 도로의 이름은 편지가 올바르게 도달하기 위한 핵심적인 단어이기 때문이다.

5. 참고로 국제 우편 연합에 가입한 유럽 몇 나라들의 약자를 소개하면 다음과 같다.

독일 D	영국 GB	이태리 I	오스트리아 A
리히텐스타인 FL		벨기에 B	모나코 MC
덴마크 DK		노르웨이 N	스페인 E
포르투갈 P		프랑스 F	스웨덴 S
스위스 CH		그리스 GR	

5 성명, 직함, 직제에 관한 명칭

1. 이름을 제외하곤 약자를 쓰지 않는 것이 보통이다. 호칭하기 위해서 M., Mme, Mlle, 등으로 쓰지 말고 Monsieur(…씨), Madame(…부인), Mademoiselle(…양)으로 쓴다.
프랑스 학술원 회원에게 편지 쓸 때 Monsieur Dupont, académicien이라는 표현이 널리 쓰이고 있으나

Monsieur Dupont

de l'Académie française

라고 쓰는 것이 옳은 표기법이다.
업무상의 편지일 경우에는 수신인의 직책을 적어놓은 것이 좋다.

> **예** Monsieur Jean Dupon   쟝 듀퐁 씨
> Directeur des Ventes   판매과장

2. 의사, 군인, 공증인, 귀족, 종교인, 공직자 등의 경우에는 직함의 첫글자를 대문자로 쓴다.

> **예** Le Docteur Pichon   의사 피숑
> Chef de clinique   의원장
>
> Monsieur le Professeur Martin   마르텡 교수님
>
> Madame le Docteur Sylvie Sage   의사 실비 사지
> Le colonel Dubois   뒤보아 대령

Commandant le 3e Régiment d'Infanterie	보병 3연대장
Monsieur le Duc de Fécamp	페깡(지명) 공작님
Madame la Comtesse de la Ruelle	뤼엘(지명) 백작 부인
Monsieur le Comte et Madame la Comtesse de la Ruelle	
	뤼엘 백작 부부
Monsieur l'Abbé Lefevre	르페브르 신부
Curé de Saint-Joseph	조제프의 주임 사제

그 밖의 사항들

1. 편지의 수신인이 남의 집에 기거할 때는 Chez Monsieur ... 라고 쓰는 것이 보통이다. c/o 라고 쓰는 것은 care of라는 영어에서 온 표현으로 이 표현이 알려져 있는 외국으로 편지를 쓸 때 사용한다.

2. 편지의 발신인이 예를 들어 시장이나 교사, 또는 신부님께 편지를 써 답장을 받기를 원하는 경우에는 반신용 우표를 동봉하는 것이 상례다. 알지 못하는 사람에게 어떤 정보를 요구할 때에도 반신용 우표를 동봉한다. 관광안내소와 같은 기관에는 반신용 봉투를 동봉하는 것이 좋다. 물론 친구 사이와 같은 개인적인 편지를 주고 받을 때는 반신용 우표를 동봉하지 않는다.

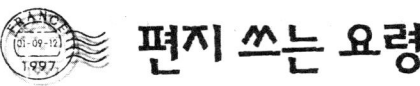

편지 쓰는 요령

편지를 쓸 때는 편지를 쓰는 사람이 받는 사람과 어떤 관계에 있는 지를 고려하게 된다. 편지를 받는 사람이 직급상으로 상급에 있는 사람인지, 나이가 많은지 적은지, **남**성인지 여성인지를 고려하여 적절한 표현을 쓰게 된다. 동등한 자격의 사람에게도 정중한 예의를 갖추는 것이 필요하다. 상대방에게 항의를 하는 편지도 상대방의 마음을 상하지 않게 적절한 어조를 유지하는 것이 편지를 쓰는 요령이다.

　공식적인 편지건 사적인 편지건 단순하고 명료하여야 한다. 과장하거나 우회해서 하는 표현들은 적절치 못하다. 자기의 생각하는 바를 직접적으로 간략하게 나타내야 한다. 편지가 길어지면 읽는 사람이 지루함을 느낄 수 있고 대충 읽어 내용을 오래 간직하지 않을 가능성도 있다. 물론 사랑의 편지나 가족 구성원 간에 주고 받는 편지는 상황이 달라질 수 있다.

편지를 쓸 때는 미리 연습장에 편지의 내용을 적어보고나서 이를 편지지에 깔끔하게 옮겨 적으면 정중해 보인다. 편지의 내용 가운데 지운 흔적이 있다든가 지우고 다시 쓴 부분이 있다든가 하면 편지를 쓴 사람이 무성의하다는 것으로 보일 수 있다.

편지의 첫 부분 Les débuts d'une lettre

날짜와 장소 Date et lieu

편지의 본문을 쓰기 전에 편지지의 오른쪽 상단에 날짜를 적어 넣는다. 그 위치는 상단에서 4-5cm의 여백을 둔 부분이 된다. 날짜는 약자로 쓰지 않으며 날짜 앞에 편지쓰는 사람이 살고 있는 도시명을 적기도 한다. 특히 발신자가 여러 장소를 옮기면서 편지를 쓰는 경우에는 발신 장소를 기록함으로써 어느 장소에서 편지를 썼는 지를 알리는 역할도 하게 된다. 장소와 날짜를 함께 적을 때에는 장소를 쓴 다음에 쉼표를 넣는다. 장소는 일반적으로 도시 이름을 적는데 도시 이름의 첫 글자는 대문자로 쓰며, 날짜는 소문자로 쓴다. 만약에 수신자에게 발신자의 주소를 알려줄 필요가 있다고 생각되면 상단 왼쪽 부분에 발신자의 주소를 적어 넣을 수도 있다. 다음의 예시들이 이를 보여주고 있다.

```
                                    Séoul, le 1er septembre 1997




            . . . . . . .
```

```
M. Minsou LEE
134-2 Chungpadong, Yongsanku,
Séoul, Corée du sud              le 24 novembre 1997


            . . . . . . .
```

서두 L'en-tête de lettre

　편지의 끝맺음 부분과 마찬가지로 서두는 아주 중요한 부분이다. 서두는 상대방을 호칭하는 부분인데 수신자의 직위나 서열 관계 또는 친숙도 등에 따라 달라진다.

　편지의 상단에서 서두 부분까지의 공간이 상대방에 대한 예의를 나타내는 지표가 된다. 편지지의 4분의 1 정도의 공간을 두는 것이 보통이며 3분의 1정도의 공간을 두는 것은 상대방에 대해 공경심을 갖고 있음을 나타낸다. 편지의 왼쪽 여백도 마찬가지 역할을 하며 경우에 따라 2cm에서부터 편지지의 3분의 1 정도 까지 여백을 남겨 둔다. 보통은 4cm의 여백을 두나 3분의 1 정도의 여백은 신분이 높은 분에게 편지를 쓸 때 사용한다. 왼쪽 여백이 2cm 이하가 되도록 해서는 안된다. 요약하면 다음과 같다.

```
Manki KIM
112-12, Sinsoudong, Mapoku
Séoul, Corée du sud
                                    Séoul, le 15 juin 1997


친구        Cher ami
상급자       Monsieur le Directeur,
행정부처장     Monsieur le Contrôleur
높은 신분의 사람    Monsieur le Président,

J'ai . . . . . .
. . . . . . . . . . .
. . . . . . . . . . .
. . . . . . . . . . .

. . . . . . . . . . .

P.-S. Vous trouverez ci-joint mon curriculum vitae
```

호칭에 이어서 편지의 본문을 쓰게 되는 데 호칭 아래로 2줄을 띄어서 시작한다.

2.1 주의해야 할 사항

■ 호칭 다음에 수신자의 이름을 적지 않는다.

    Cher Monsieur   라고 쓰는 것이 보통이며

    Cher Monsieur Martin   라고 쓰지 않는다.

다만 상급자가 하급자를 호칭하면서 Cher Monsieur 라고 하는 것은 어색하고 Cher Ami 라고 하는 것은 너무 친숙한 사이를 나타내므로 Cher Monsieur Dubois 라고 이름을 넣는 것도

괜찮다. 이와 같이 이름을 넣을 때에는 주의를 요한다.

  Cher Monsieur 라고 하면 충분한 것을 Mon cher Monsieur 라든가 Mon cher Monsieur Dubois 라고 하는 것은 좋지 않다.

■ 직함을 쓸 때에는 **Monsieur** 다음에 넣는 것이 보통이다.

Monsieur le Président-Directeur général	사장(또는 총회장)님
Monsieur le Directeur	과장(또는 사장)님
Madame la Directrice	과장(또는 사장)님(여자인 경우)

  국회의장, 장관, 대사, 은퇴 장성 등은 그 직함을 생의 마지막 순간까지 유지한다.

  작가나 예술가, 공증인, 변호사, 의사, 신부 등의 경우에는 별도의 호칭을 사용한다.

Maître	공증인(변호사)님
Monsieur et cher Maître	공증인(변호사)님
Mon cher Maître	공증인(변호사)님

  처음으로 접하게 되는 변호사나 공증인 또는 행정부처 간부에게는 Maître 라는 표현이 적절하며 가까운 사이가 되었을 때는 Mon cher Maître 라고 쓸 수도 있다. 다음의 몇가지 예시를 참조하라.

Monsieur le Professeur	교수님
Monsieur le Docteur	의사(선생)님
Docteur	의사(선생)님

Monsieur et cher Docteur	의사(선생)님
Madame et cher Docteur	여의사(선생)님
Monsieur le Duc	공작님
Madame la Duchesse	공작부인님

가톨릭 신부들에게는 특별한 호칭이 쓰인다.

Très Saint-Père	교황님
Votre Éminence	추기경님
Monseigneur	대주교님 또는 주교님

이외의 호칭은 Monsieur le(직책명)라고 쓴다.

그 밖의 호칭들

Monsieur le Pasteur	목사님(개신교)
Mon colonel	대령(상관이나 동료가 지칭할 때)
Commandant	지휘관(중대장, 대대장)
Monsieur le Maréchal	사령관(또는 참모총장)
Madame la Maréchale	사령관 부인

2.2 사적인 편지의 서두의 예;
친밀함의 정도에 따라 달리 쓴다.

■ 상급자에게 쓸 때

Monsieur	또는	Cher Monsieur	남자인 경우
Madame	또는	Chère Madame	여자인 경우

■ 하급자에게 쓸 때

　Monsieur　또는　Cher Monsieur

　Mon cher Ami　(절친한 사이일 때)

■ 동료 사이에서

　Cher Monsieur,　Cher Ami,　Mon cher Ami

　Cher Confrère,　Cher Collègue et Ami

■ 수신자가 남자일 때

　Monsieur,　Cher Monsieur,　Cher Monsieur et Ami

　Cher Ami,　Cher Dupont(절친한 사이일 때 사용하며 Mon cher Ami 와 같이 소유 형용사를 쓰지 않는다.)

■ 수신자가 여자일 때

　Madame,　Chère Madame

　Chère Madame et amie

　Mademoiselle,　Chère Mademoiselle(상대방이 미혼일 경우에 쓴다.)

　Chère Suzanne(친밀한 사이일 때 쓴다.)

■ **Monsieur, Madame, Mademoiselle** 이란 단어는 M., Mme, Mlle 의 약자로 나타낼 수 있으나 약자를 쓰는 경우에는 특별한 주의를 요한다. 예를 들어 Madame votre Mère로 할 것을 Mme votre Mère로 해서는 안된다.

편지의 맺음 Les fin d'une lettre

프랑스어 편지의 맺음 부분은 상당히 까다롭고 어려운 부분이다. 상대방에게 마지막으로 인상을 남기는 부분이기 때문에 끝맺음을 잘못하면 난처한 상황에 빠질 수도 있는 것이다.

가장 보편적으로 사용하는 표현법으로는 서두의 호칭에서 사용했던 것과 마찬가지로 Monsieur, Madame, Mademoiselle 이라고 쓰는 것이며, 이 때 상대방의 이름을 절대 같이 기재하지 않는다. 만약에 호칭 부분에서 Monsieur le Directeur, Monsieur le Président 등과 같이 직함을 썼다면 맺음 부분에서도 똑같이 직함을 쓰는 것이 좋다.

Veuillez agréer, Monsieur le Président, ...

서두에 Monsieur et cher ami라고 썼다면

말미도 Recevez, Monsieur et cher ami, l'assurance de mes sentiments distingués.라고 쓴다.

즉, 호칭 부분에서 사용했던 표현을 그대로 쓰는 것이 옳은 표현 방법이다.

다음은 몇가지 맺음 부분의 예시를 보여준다.

▶ Recevez, cher Monsieur, l'assurance de mes sentiments distingués.

 (저의 각별한 심정의 확신을 받으십시오.)

▶ Veuillez agréer, cher Monsieur, l'expression de mes sentiments distingués.

 (저의 각별한 심정의 표현을 받아주시기 바랍니다.)

▶ Veuillez croire, Monsieur(Madame), à l'assurance de mes sentiments distingués.
(저의 확언하는 각별한 심정을 믿어주시기 바랍니다.)
또는 저의 각별한 심정의 확신을 받아주시기 바랍니다.)

▶ Je vous prie de croire, Monsieur(Madame), à l'assurance de mes meilleurs sentiments.
(저의 확언하는 최상의 심정을 받아주시기 바랍니다.)

편지 쓰는 사람의 배우자까지 연루시킬 수 있다.

▶ Ma femme joint ses repectueuex hommages à l'expression de mes sentiments les plus amicaux.
(나의 처도 나의 가장 우정어린 심정의 표현에 경의를 표한다네.)

▶ Transmets nos amitiés à Jeannine et embrasse les petits pour nous.
(자넨(편지받는 사람의 아내)에게 우리의 우정을 전하고, 우리를 대신해서 아이들에게 키스를 해주게.)

잘 모르는 사람에게 편지를 쓸 때

▶ Je vous prie d'agréer, Monsieur, l'expression de mon profond respect.
(저의 심오한 존경의 표현을 받아주시기 바랍니다.)

▶ Veuillez croire, Monsieur, à tous mes sentiments de respectueuse gratitude. (저의 존경하고 감사하는 모든 심정을 믿어주시기 바랍니다.)

▶ Je vous prie d'agréer, Monsieur, l'expression de mon respectueux dévouement.
(저의 존경해하는 헌신의 표현을 받아주시기 바랍니다.)

▶ Soyez assuré, Monsieur, de ma parfaite considération.
(저의 완전한 경의를 확신하여 주십시오.)

▶ Recevez, Monsieur, l'assurance de ma parfaite considération.
(저의 완전한 경의의 확신을 받아주십시오.)

▶ Recevez, Monsieur, l'assurance de ma considération distinguée.
(저의 각별한 경의의 확신을 받아주십시오.)

▶ Veuillez croire, Monsieur, à l'assurance de mes sentiments dévoués.
(저의 열렬한 심정의 확신을 믿어주십시오.)

▶ Recevez, Monsieur, mes bien sincères salutations.
(저의 진지한 경의를 받아주십시오.)

▶ Veuillez agréer, Madame, mes respectueux hommages.
(부인, 저의 존경해하는 경의를 받아주십시오.)

▶ Je vous prie d'agréer, Madame, l'hommage de mon respect
(부인, 저의 존경해하는 경의를 받아주시기 바랍니다.)

▶ Croyez, Madame, à l'expression de mes sentiments les plus respectueux.
(부인, 저의 가장 존경해하는 심정의 표현을 믿어주십시오.)

잘 알고 있는 사람에게 쓸 때

▶ Veuillez agréer, Madame, avec mes hommages, l'expression de ma plus respectueuse sympathie.
(부인, 저의 경애심과 함께 저의 존경해하는 호감의 표현을 받아주십시오.)

▶ Veuillez agréer, cher Monsieur, l'expression de ma respectueuse sympathie.
(저의 존경해하는 호감의 표현을 받아주십시오.)

▶ Veuillez agréer, Monsieur et cher collègue, l'assurance de mes sentiments distingués.
(동료여, 나의 각별한 심정의 확신을 받아주십시오.)

▶ Veuillez accepter, cher Monsieur, l'expression de mes sentiments les plus amicaux.
(저의 가장 우정어린 심정의 표현을 받아주십시오.)

▶ Veuillez, cher Monsieur et ami, partager nos souvenirs les plus sympathiques avec Madame votre épouse, à laquelle je présente mes respectueux hommages.
(친구이며 동료여, 당신의 부인과 함께 우리들의 가장 기분좋은 추억을 나누어 갖세. 당신의 부인에게 나의 존경해하는 경의를 표하네.)

▶ Croyez, cher Monsieur, à mes sentiments bien amicaux et présentez à Madame votre épouse mes respectueux hom-mages.
(나의 아주 우정어린 심정을 믿어주기 바라며 당신의 부인에게 나의 존경해하는 경의를 전달해주기 바라네.)

▶ Je vous prie de me croire, cher Monsieur, bien fidèlement vôtre.
(당신에게 충실한 저를 믿어주시기 바랍니다.)

▶ Recevez, chère Madame, l'expression de mes sentiments les plus respectueux.
(부인, 저의 가장 존경해하는 심정의 표현을 받아주십시오.)

▶ Veuillez agréer, chère Madame et amie, l'expression de ma respectueuse sympathie.
(친구여(부인인 경우), 나의 존경해하는 호감의 표현을 받아주기 바라네.)

▶ Croyez, chère Madame, à l'expression de mes sentiments les meilleurs.
(부인, 저의 가장 좋은 심정의 표현을 믿어주십시오.)

▶ Croyez, chère Madame, à tous mes meilleurs sentiments.
(부인, 저의 가장 좋은 모든 심정을 믿어주십시오.)

친구 사이에 쓸 때

▶ Veuillez accepter, cher ami, l'assurance de ma cordiale sympathie.
(친구여, 나의 마음으로부터 우러나오는 호감의 확신을 받아주기 바라네.)

▶ Recevez, chère amie, l'expression de ma respectueuse amitié.
((여자)친구여, 나의 존경해하는 우정의 표현을 받아주게.)

▶ Croyez, cher François, à mon amical souvenir.
(프랑스와, 나의 우정어린 추억을 믿어주기 바래.)

▶ Bien amicalement à vous. (매우 우정스럽게.)
Toutes nos amitiés. (우리의 모든 우정과 함께.)
Cordialement vôtre. (진심으로 당신에게.)

▶ Amicalement. / Bien à vous. / Fidèlement à toi. / A toi.
(우정으로. 당신에게. 너에게 충실히. 너에게)

대통령에게

▶ Veuillez agréer, Monsieur le Président, l'hommage de mon respect.
(대통령님, 저의 존경해하는 경의를 받아주시기 바랍니다.)

교황에게

▶ Que Votre Sainteté daigne accepter l'assurance de mon profond respect. (당신의 신성께서 저의 심오한 존경의 확신을 받아주시기 원합니다.)

변호사(avocat), 공중인(notaire), 집달리(huissier)에게

▶ Veuillez agréer, Maître, l'assurance de mes sentiments distingués. (변호사님, 저의 각별한 심정의 확신을 받아주시기 바랍니다.)

학교장에게

▶ Veuillez agréer, Monsieur le Directeur, l'expression de mes sentiments respectueux.
(교장 선생님, 저의 존경해하는 심정의 표현을 받아주시기 바랍니다.)

학장(doyen)에게

▶ Veuillez agréer, Monsieur le Doyen, l'expression de ma haute considération. (학장님, 저의 높이 존경해하는 표현을 받아주시기 바랍니다.)

교사에게

▶ Veuillez agréer, Monsieur, l'assurance de mes sentiments distingués. (선생님, 저의 각별한 심정의 확신을 받아주시기 바랍니다.)

교수에게

▶ Je vous prie d'accepter, Monsieur le Professeur, l'expression de mes sentiments respectueux. (교수님, 저의 존경해하는 심정의 표현을 받아주시기 바랍니다.)

의사에게

▶ Veuillez agréer, Monsieur, l'assurance de mes sentiments distingués.
(의사 선생님, 저의 각별한 심정의 확신을 받아주시기 바랍니다.)

군인에게

▶ Veuillez agréer, Commandant, l'expression de mes sentiments respectueux.
(지휘관님, 저의 존경해하는 심정의 표현을 받아주십시오.)
▶ Je vous prie de croire, Colonel, à l'expression de mes sentiments très respectueux.
(대령님, 저의 매우 존경해하는 심정의 표현을 믿어주시기 바랍니다.)
▶ Je vous prie de croire, Général, à l'expression de mon respect.
(장군님, 저의 존경해하는 표현을 믿어주시기 바랍니다.)
▶ Veuillez agréer, Monsieur le Maréchal, l'expression de mon profond respect.
(총사령관님, 저의 심오한 존경의 표현을 받아주시기 바랍니다.)
▶ Veuillez agréer, Amiral, l'expression de mon respect.
(제독님, 저의 존경해하는 표현을 받아주시기 바랍니다.)

대사에게

▶ Veuillez agréer, Monsieur l'Ambassadeur, l'assurance de ma très haute considération.

(대사님, 저의 매우 높은 존경심의 확신을 받아주시기 바랍니다.)

▶ Veuillez agréer, Madame l'Ambassadrice, mes très respectueux hommages.

(대사 부인님, 저의 매우 존경해하는 경의를 받아주시기 바랍니다.)

기타 직책

▶ Veuillez agréer, Monsieur le Député (Madame le Député), l'expression de ma haute considération.

(국회의원(여성일 경우)님, 저의 높은 존경의 표현을 받아주십시오.)

▶ Veuillez agréer, Monsieur le Maire, l'assurance de ma considération distinguée.

(시장님, 저의 각별한 존경의 확신을 받아주시기 바랍니다.)

▶ Veuillez agréer, Monsieur le Ministre, l'expression de ma très haute considération.

(장관님, 저의 높은 존경의 표현을 받아주시기 바랍니다.)

▶ Veuillez agréer, Monsieur le Sénateur, l'expression de ma haute considération.   (상원의원님, 저의 높은 존경의 표현을 받아주시기 바랍니다.)

남자 상급자에게; 비록 잘 알고 지내는 상급자라 할지라도 편지에서는 예의를 갖추는 것이 좋다.

▶ Veuillez croire, cher Monsieur, à mes sentiments cordiaux et respectueux.

(진심으로 경의를 표하는 저의 감정을 믿어 주시기 바랍니다.)

▶ Veuillez, je vous prie, Monsieur le Président, agréer l'expression de mon (très profond) respect.

(사장(또는 회장, 의장)님, 저의 마음 속 깊은 곳에서부터 우러나오는 경의의 표현을 받아주시기 바랍니다.)

▶ Veuillez agréer, Monsieur le Ministre, l'expression de ma respectueuse considération.

(장관님, 저의 경의를 표하는 마음으로 쓴 표현을 받아주시기 바랍니다.)

▶ Je vous prie de recevoir, Monsieur le Directeur, mes respectueuses salutations.

(사장(또는 과장)님, 저의 경의를 표하는 인사를 받아주시기 바랍니다.)

▶ Veuillez agréer, Monsieur, l'assurance de mes sentiments respectueux.

(선생님, 저의 경의를 표하는 감정의 확신을 받아주시기 바랍니다.)

▶ Veuillez croire, Monsieur le Curé, à mes sentiments respectueux et déférents.
(신부님, 저의 경의를 표하는 공손한 감정을 받아주시기 바랍니다.)

여자에게; 일반적으로 경의(hommages)를 표하는 것이 정중하다.

▶ Veuillez agréer, Madame la Présidente, l'hommage de mom profond respect.
(여사장(또는 의장)님, 저의 심심한 경의를 받아주시기 바랍니다.)

▶ Je vous prie d'agréer, Madame la Directrice, mes respectueux hommages.
(여사장(또는 과장)님, 저의 심심한 경의를 받아주시기 바랍니다.)

▶ Je vous prie d'agréer, Madame, l'expression de ma respectueuse considération.
(부인, 저의 경의를 표하는 표현을 받아주시기 바랍니다.)

▶ Je vous prie d'accepter, chère Madame, l'expression de mes sentiments les plus respectueux. (부인, 저의 최대한으로 경의를 표하는 표현을 받아주시기 바랍니다.)

▶ Agréez l'expression de mes sentiments les plus cordiaux.
(가장 진심으로부터 우러나오는 저의 감정을 받아주십시오.)

▶ Croyez, chère Madame, à l'expression de mes sentiments les meilleurs.
(부인, 최대한 호의를 갖고 있는 저의 표현을 받아주시기 바랍니다.)

신부님에게

1) 추기경(cardinal)에게

J'ai l'honneur d'être, avec le plus profond respect, de Votre Éminence, le très humble serviteur.
(추기경님, 저의 심심한 경의와 함께 제가 가장 비천한 종이라는 영광을 누립니다.)

Que Votre Eminence Révérendissime daigne agréer l'hommage de mon très profond respect.
(추기경님, 저의 심오하게 존경해하는 경의를 받아주시기 바랍니다.)

Veuillez agréer, Monsieur le Cardinal, l'assurance de ma plus respectueuse considération.
(추기경님, 저의 가장 심심한 경의에 대한 확신을 받아주시기 바랍니다.)

2) 주교님(archevêque)에게

Veuillez agréer, Monsieur, l'assurance de ma très recpectueuse considération.
(주교님, 저의 아주 심심한 경의를 받아주시기 바랍니다.)

J'ai l'honneur d'être, Monseigneur, de Votre Excellence, le très respectueux serviteur.
(저는 주교님께 경의를 표하는 아주 비천한 종이라는 영광을 누립니다.)
J'ai l'honneur d'être, Monseigneur, de Votre Excellence, le très humble et très dévoué serviteur.
또는 Je vous prie d'agréer, Monseigneur, l'expression de ma très respectueuse considération.
(주교님, 저는 아주 비천하고 헌신적인 종이 되는 것이 영광스럽습니다.)

3) 신부님에게

Veuillez agréer, mon Père / Père, mes respectueux sentiments.
(신부님, 저의 경의를 표하는 감정을 받아주시기 바랍니다.)
Veuillez agréer, (직분명을 기입), mes sentiments très respectueux.
(. . . 님, 저의 매우 경의를 표하는 감정을 받아주시기 바랍니다.)

목사님(pasteur)에게

▶ Je vous prie d'agréer, Monsieur le Pasteur, l'expression de mes sentiments respectueux. (목사님, 저의 존경해하는 심정의 표현을 받아주시기 바랍니다.)

친구 사이에; 절친한 정도에 따라 약간씩 표현이 달라진다.

▶ Bien cordialement à vous / à toi.

(진심으로 당신에게 / 너에게)

▶ Amicalement

(우정으로)

▶ Meilleurs / Affectueux souvenirs.

(좋은 / 애정어린 추억과 함께)

편지를 받는 친구의 가족에게 안부를 전하라고 요구할 때

▶ Veuillez transmettre mes respects à Madame votre mère / grand-mère.

(나의 경의를 당신의 어머니 / 할머니에게 전해 주시기 바랍니다.)

▶ Transmettez mes amitiés / mon amical souvenir à votre soeur.

(나의 우정 / 우정어린 추억을 당신의 여동생에게 전해 주시기 바랍니다.)

▶ Présente mes souvenirs à . . .

(나의 추억을 . . . 에게 전해 주기 바란다.)

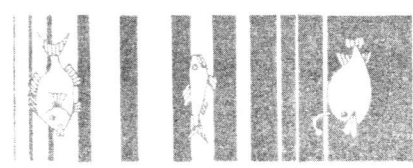

서명 Signature

   수신자가 발신자의 서명만으로 누군지 잘 알아볼 수 없을 때에는 서명한 아래 부분에 이름을 알아볼 수 있도록 써놓는 것이 예의다. 특히 연말 연시 엽서나 편지를 주고 받을 때에는 서명과 함께 이름을 적어 놓는다. 연말 연시에는 많은 엽서와 편지를 주고받기 때문에 수신자가 누구한테 엽서나 편지를 받았는지 쉽게 잊지 않도록 하기 위해서다.

상업용 편지 쓰는 법
Les lettres d'affaires

상업용 편지라 해서 일반 개인적인 편지와 크게 다르지는 않다. 상업용 편지에도 구어체의 표현을 사용하며 개인적인 편지와 다른 점은 다루는 주제를 우회하지 않고 직접 거론하며 구체적이고 명확한 표현을 쓴다는 것이다. 상업용 편지를 쓸 때 유의해야 할 사항을 들면 다음과 같다.

명확해야 한다.

1, 2, 3, 또는 a) b) c) 등의 하위 번호를 써가며 문단을 정리하여 쓸 수 있다. 물론 문단이 바뀌면 줄을 바꾸어서 문장을 써간다. 이렇게 번호를 매기는 것이 답장을 하기가 쉽다.

정확해야 한다.

정확한 것은 예의일 뿐만 아니라 효율적이기도 하다. 예를 들어 Lors de notre dernière entrevue (우리가 지난번 만났을 때)라고 쓰면 부정확하며 이럴 경우에는 구체적인 날짜를 제시한다. 또한 sous peu (얼마 후에), bientôt (곧, 머잖아)등의 표현도 부정확한 표현들이다. votre lettre du 15 courant (당신이 이번 달 15일에 보내준 편지) 라고 쓰지 말고 votre lettre du 15 juin (6월 15일자의 당신 편지)등으로 명기하라.

정중해야 한다.

상대방에 비난을 하는 편지라 할 지라도 정중함을 잃어서는 안된다. insensé(미친), stupide(바보같은), déplorable(개탄스런), absurde(상식 밖의), mal venu(잘못 온), ridicule(우스꽝스런)등의 직선적인 표현을 피하고 Nous déplorons votre attitude. (당신의 태도에 대해 안타깝게 생각합니다.) / Il eût été préférable.(. . .하는 편이 더 나았을텐데요.) 등으로 쓰는 것이 완곡하다.

신중해야 한다.

확실하지 않다든가 편지를 주고 받는 사이에 상황이 변할 수도 있는 문제에 대해서는 아는 체하는 표현을 쓰지 말라.

Il me semble que nous pourrons traiter . . .
(우리는 ...을 다룰 수 있으리라 생각됩니다.)
A mon avis, nous pourrions envisager . . .
(제 생각으로는 우리가 ... 할 수 있을 것 같은데요.)
En tout état de cause, il ressort que . . .
(여하튼 . . . 할 것 같은데요.)

등의 표현을 사용하는 것이 좋다. 그리고 cependant(그런데) toutefois(그럼에도 불구하고) 등의 문학적인 표현이 이런 상황에 잘 들어맞는 표현이다.

너무 친숙한 표현이나 표현법에 어긋나는 문장들은 피한다.

Dans l'attente de vous lire (당신의 편지를 읽기를 기다리며)
Au plaisir de vous lire (당신의 편지를 읽을 기쁨으로)
Donnez-moi un coup de téléphone. (전화 한 통화 주세요.)
Excusez du dérangement. (방해를 해드려 죄송합니다.)
와 같은 표현은 쓰지 말라.
이와 같은 표현을 다음과 같이 바꾸어 쓰면 완곡해진다.
Dans l'espoir d'une réponse rapide favorable,
(신속하고 긍정적인 답변을 기다리며)
Si vous le souhaitez, vous pouvez me joindre au téléphone.
(가능하시다면 당신께서 저에게 전화를 거셔도 됩니다.)

J'espère / Je souhaite que ma demande ne vous occasionne pas un trop grand dérangement.
(저의 요구가 당신에게 너무 심한 불편을 끼쳐드리지 않았으면 좋겠습니다.)

◆ **상업용 편지의 규격**

편지지는 A4 (21cm×29.7cm) 규격으로 보편화되어 있으며 왼쪽 끝에서 4.5cm 내지 5cm의 여백을 두고 오른쪽 끝에서는 2cm 정도의 여백을 두어서 내용을 적는다.

왼쪽의 여백은 가지런히 해야 한다. 편지지도 너무 얇지 않는 80g정도의 것으로 흰색으로 된 종이를 사용하라.

편지의 실례

가톨릭 세례에 관련된 일 Baptêmes

　가톨릭에서는 세례를 받을 때에 대부나 대모를 선정한다. 예전에는 나이 든 사람을 대부나 대모로 선정했는 데 요즘에는 자녀가 태어날 때 젊은 사람을 대부(또는 대모)로 삼아 아이가 자라면서 진정한 아버지나 어머니를 대신할 수 있도록 하든가 심지어는 아이와 비슷한 또래의 대부나 대모를 선정함으로써 친구 역할을 맡게 하는 경향이 있다.

1.1 상관에게 대부가 되어줄 것을 부탁 :
Demande à un supérieur d'être parrain

Cher Monsieur,

Votre bonté à mon égard fut toujours si compréhensive que j'ose vous prier de vouloir bien être le parrain du bébé que nous attendons.

Nous avons, ma femme et moi, une telle confiance en vous qu'il nous paraît impossible de choisir un autre protecteur pour notre premier enfant. Et nous serions très fiers qu'il puisse s'appuyer sur vous et vous demander conseil demain et toujours.

J'ose espérer, Monsieur, que vous voudrez bien nous faire cet honneur. Ma femme se joint à moi pour vous adresser nos sentiments profondément respectueux.

Minsou LEE

저에 대한 당신의 호의가 언제나 관대해서 저는 곧 세상에 태어날 우리 아이의 대부가 되어 주실 것을 감히 부탁드리는 바입니다.
저와 제 처는 당신에 대한 신뢰가 너무 커 우리의 첫 아이에 대해 당신 말고는 다른 후견인은 있을 수 없다는 생각이 듭니다. 이 아이가 당신에게 기대고 앞으로 영원히 당신에게 조언을 부탁드릴 것을 생각하니 우리는 대단히 자랑스럽습니다.
당신께서 우리에게 이런 영광스런 일을 해주실 것을 바라마지 않습니다. 제 처도 저와 마찬가지로 당신에 대해 깊이 존경해하는 심정을 보냅니다.

1.2 친구에게 대모가 되어줄 것을 부탁 :
Demande à une amie d'être marraine

Ma chérie,

Veux-tu accepter d'être la marraine de mon petit Jinmi? Je me sens si près de toi par la pensée et par le coeur, qu'il me serait doux de savoir, si je venais à disparaître, que tu me remplacerais près de mon fils. Je connais ta sensibilité, ta droiture, ta gaieté, ton esprit et j'ai pour toi une telle affection qu'il me semble impossible que tu n'acceptes pas de me faire ce plaisir. Je vais plus loin, je souhaite que ce soit aussi une joie pour toi.

Réponds-moi vite. Je t'embrasse avec ma profonde tendresse.

Yerim

친구여,

우리 아이 진미의 대모가 되어 줄 수 있는지? 나는 머리 속으로 또 마음으로 너에게 가까이 있음을 느껴. 그래서 내가 죽은 다음이라도 네가 나의 아들에게 대해 내 역할을 해줄 것이라도 생각하니 평온해 진다. 나는 너의 감수성, 정확함, 유쾌함, 마음을 잘 알고 있단다. 그리고 내가 너에 대해 갖는 애착심이 대단해서 네가 나에게 이와 같은 기쁨을 선사하지 않으리라고 생각되지 않는다. 더 나아가 이 일이 너에게도 역시 즐거움이 되었으면 하고 바란다.

답장을 빨리 해다오. 나의 심심한 애정이 담긴 키스를 너에게 보낸다.

1.3 친구에게 대부가 되어줄 것을 부탁 :
Demande à un ami d'être parrain

Cher Bernard

Je viens dès aujourd'hui te faire part d'un désir qui me tiens fort à coeur. Veux-tu accepter d'être le parrain du bébé que nous attendons prochainement? Notre affection réciproque me semblerait cimentée encore si tu voulais bien assumer cette charge morale ; la direction que tu as su donner à ta vie serait pour mon enfant un exemple salutaire et je ne doute pas que tu pourrais également le protéger et le conseiller.

Ne vois dans cette lettre qu'une preuve de mon amitié et crois, mon cher Bernard, à mes sentiments les plus affectueux.

Minsou

베르나르에게

오늘 나의 마음 속 깊이 있는 소원을 너에게 전한다. 곧 세상에 태어날 우리 아이의 대부가 되어줄 수 있겠니? 우리가 서로에게 갖고 있는 정이 단단하기 때문에 네가 이런 도의적인 부담을 져주리라고 생각한다. 네가 네 인생을 이끌어 나가는 방향이 나의 아이에게 좋은 예가 될 것이다. 또한 네가 이 아이를 보호해주고 그에게 조언을 주리라는 사실을 의심하지 않는다.

이 편지를 통해 나의 우정을 확인하는 계기가 되었으면 바라고 나의 가장 정감어린 심정을 믿어주기 바란다.

1.4 긍정적인 답장 : Réponse affirmative

Cher Jean,

Quelle bonne idée tu as eue! Je n'ai jamais été parrain et je me sens tout guilleret à l'idée d'être un peu le père de ton enfant. Je serai très heureux de m'occuper de lui et d'être à l'occasion un appui et une aide dans sa vie.

Je suis flatté de ta confiance et je t'adresse, mon vieux Jean, ma profonde et sincère amitié.

Minsou Lee

장에게

정말 좋은 생각을 했구나! 나는 여태 대부가 되어보지 못했어. 그리고 너의 아이에게 조금이나마 아빠가 된다는 생각을 하니 아주 기쁘다. 내가 그 아이를 돌보고 때에 따라서는 버팀목도 되고 그가 살아가는 동안에 도움을 준다니 행복한 기분이다.

네가 나를 신용하니 기분이 좋다. 나의 심심하고 진지한 우정을 너에게 보낸다.

1.5 부정적인 답장 : Réponse négative

Mon vieux Jean,

La raison hélas me fait refuser la joie d'être le parrain de ton enfant, mais ma carrière me crée une existence si lointaine et parfois si décousue que je n'ose pas assumer une charge qu'il me serait impossible de remplir telle que tu la conçois. Crois bien que j'en suis désolé, mais sois sûr cependant que j'aimerai ton enfant un peu comme un fils et qu'il trouvera toujours en moi un appui et une solide amitié.

J'ai été profondément touché que tu aies pensé à moi et c'est avec un serrement de coeur que je renonce à te donner cette preuve de mon affection.

Veux-tu essayer de faire comprendre ceci à Colette et ne m'en veuillez pas.

Crois, mon cher Jean, à mon souvenir le meilleur et à mes vifs regrets.

Minsou Lee

쟝에게

너의 아이에 대해 대부가 되어 줄 수가 없어 안타깝다. 내가 살아가고 있는 삶이 아주 멀리 떨어져 있는 존재이고 때로는 일관성이 없어서 네가 생각하는 바와 같은 그러한 일을 감당할 수가 없을 것 같아. 내가 애석해 하는 마음을 이해해주고, 그렇지만 나도 너의 아이를 내 아들처럼 사랑해 주겠으며, 내가 그에게 지주가 되고 견고한 우정을 갖고 있음을 그가 알았으면 한다.

네가 나를 그만큼 생각해 주었다니 감명을 받았다. 그리고 내가 너에게 나의 정감을 주지 못함을 애석하게 생각한다.

네 처 꼴렛에도 이러한 내 마음을 이해시켜 줄 수 있겠니? 그리고 나를 원망하지는 말아라.

가장 아름다운 나의 추억을 믿어주기 바라며 내가 아주 애석해하는 마음을 이해해 주기 바란다.

사랑의 편지 Lettres d'amour

2.1 남자가 여자에게 사랑을 고백할 때

Chère Huguette

Hier soir encore, pour la dixième, pour la centième fois, j'ai pensé : aujourd'hui, je vais oser lui dire . . . Et puis chaque fois il y a eu quelque chose dans ta beauté, dans ton regard, dans ton sourire, qui m'a paralysé. Alors je me jette à l'eau, lâchement, par écrit.

Je t'aime, Huguette - et je ne peux plus continuer à faire semblant d'être pour toi un bon camarade, à ne te voir que le temps d'un cinéma ou d'une boum chez des amis communs. Je voudrais t'avoir seule à moi, pour moi ; faire avec toi d'immenses promenades dans le Midi de mon enfance ; passer avec toi de grandes soirées en tête à tête ; tout connaître de toi, tout comprendre de toi, tout partager avec toi.

Est-ce mon imagination qui m'égare? Il m'a semblé quelquefois que l'évidente complicité qui existe entre nous impliquerait autre chose qu'une simple amitié ; que, parmi tous les garçons qui t'entourent, je ne t'étais pas, peut-être, tout à fait indifférent.

Je t'en prie, Huguette, dis-moi vite : me suis-je trompé?
A toi.

위겟트에게

어제 저녁에도 열번이나 백번이나 생각을 해 보았어. 오늘 용기를 내어 말을 하려고 해. 매번 너의 아름다움에, 너의 시선에, 너의 미소에 나를 꼼짝못하게 마비시키는 무언가가 있어. 이제는 물 속에 내 몸을 그대로 던진단다, 글로 써서.

너를 사랑해, 위겟트. 너에게 더 이상 내가 너의 단순한 친구인 척은 하지 못하겠어. 너를 단순히 영화관이나 여러 친구가 모인 파티같은 모임에서만 너를 만나는 그런 일은 더 이상 못하겠어.

나 혼자서 너를 차지하고 싶어, 나를 위해서. 내 어린 시절을 보낸 남불에서 너와 함께 끝없는 산책을 하고 싶어. 너와 머리를 맞대고 커다란 저녁 파티 모임을 갖고 싶어. 너에 대해 모든 걸 알고 싶어. 이해하고 싶어. 모든 걸 나누어 갖고 싶어.

이건 나하고는 거리가 먼 단순한 상상인거니? 우리 둘 사이에 있는 명백한 묵계가 때로는 단순한 우정이 아닌 다른 무언가가 있는 것 처럼 보였어. 너를 둘러싸고 있는 여러 남자들 속에서 나는 전혀 너에게 무관심한 사람이 아닌 것 같았어.

제발, 위겟트. 내가 잘못 생각한거니? 대답해 줘.

2.2 긍정의 답장 : Réponse favorable

Paul, cher Paul,

Non, tu n'étais pas trompé. A moi aussi cette fausse camaraderie pesait davantage de jour en jour. Moi aussi je commençais à trouver encombrants les garçons qui m'entouraient, si sympathiques soient-ils. Et toutes ces soirées sans toi, et tous ces week-ends sans toi me paraissaient de plus en plus absurdes.

Je ne sais pas si je t'aime. Ce mot est chargé pour moi d'un poids redoutable : je crois qu'il signifie, en fait, un engagement de toute une vie, et nous n'en sommes pas là. Mais le temps est à nous, et nous verrons bien . . . Ce que je sais, c'est que je suis très, très amoureuse de toi, depuis si longtemps que je n'ose pas me l'avouer . . .

Je t'espère et t'attends, cher Paul, vite, vite . . .

뽈에게, 친애하는 뽈에게

아니야, 네가 잘못 생각한게 아냐. 나에게도 역시 이 위선적인 친구 사이가 날이 갈수록 부담스러웠어. 나도 역시 나를 둘러싸고 있는 남자 아이들이 아무리 친절하다고 해도 귀찮다는 생각이 들기 시작했어. 네가 없는 저녁 모임, 그리고 네가 없는 주말은 나에게 점점 무가치하게 느껴지고 있어.

내가 너를 사랑하는지는 모르겠어. 사랑이라는 단어가 나를 굉장한 무게로 짓누르고 있어. 그것은 사실 한 모든 인생을 연루시키는 것이라고 생각해. 그리고 우리는 아직 거기까지 이르지는 않았고. 그렇지만 시간은 우리에게 속하는 거니까 앞으로 보면 알겠지 . . . 단지 내가 아는 사실은 내가 너를 매우 매우 사랑한다는 거야. 내가 감히 고백할 수 없을 만큼 오래전부터.

너를 만나기 원한다. 기다릴게. 빨리와 뽈.

2.3 망설이는 답장 : Réponse dilatoire

　　Paul, ta lettre a été la plus grande surprise de ma vie, ou presque. Je voyais en toi d'un oeil si tranquille, et depuis si longtemps, mon plus cher ami que jamais, au grand jamais, je n'aurais pensé qu'il pouvait être question d'amour entre nous.

　　Je ne sais que te dire. Que tu sois, parmi les garçons qui m'entourent, le plus proche de moi, c'est une évidence que je n'essayerai pas de nier. Mais est-ce que je suis amoureuse de toi? Je me sens incapable de répondre par oui ou non.

　　Veux-tu que nous convenions ensemble de laisser le temps faire son oeuvre, comme on dit? Il est bien évident que ta lettre aura, de toute façon, subtilement changé nos rapports. Dans quel sens? Je ne sais pas. Tout ce que je sais, c'est que je voudrais très fort ne pas te perdre.

　　A très bientôt.

　　뽈, 너의 편지가 나에게 내 일생 가장 놀라운 것이었어. 거의 그랬어. 나는 너의 침착한 눈에서, 그리고 아주 오래 전부터 누구보다도 가장 친한 친구인 너하고 나 사이에 사랑이 걸린 문제가 발생하리라고는 전혀 생각치 못했어.

　　너에게 무슨 말을 해야 좋을지 모르겠다. 나를 둘러싸고 있는 남자 아이들 속에서 네가 나에게 가장 가까이 있다는 것은 내가 부인할 수 없는 사실이야. 그렇지만 내가 너를 사랑하는가라는 질문에 나는 그렇다 또는 아니다라고 대답할 수가 없어.

사람들이 말하듯이 우리 함께 시간이 흘러가기를 기다릴 수 있겠니? 어쨋든 너의 편지가 우리의 관계를 미묘하게 바꾸었다는 것은 명백한 사실이야. 어느 방향으로 바꾸었냐고? 모르겠어. 내가 알고 있는 것은 너를 잃고 싶은 생각이 조금도 없는 것이야.

2.4 부정의 답장 : Réponse négative

Cher Paul,

Pour être tout à fait sincère, ta lettre m'a désolée. Tu étais mon ami de coeur, mon compagnon préféré, mon complice le plus proche -mais jamais, au grand jamais, je n'avais pensé que l'amour pourrait intervenir entre nous.

S'il te plaît, oublions cette lettre : je ne crois pas que, pour ma part, l'amitié puisse se transformer en amour. Si tu le préfères, ne nous voyons plus pendant un certain temps. Tu me manqueras cent fois, mille fois -mais je ne me sens pas capable de faire face à un sentiment auquel je ne suis pas en mesure de répondre.

Je t'embrasse.

뽈에게,

아주 솔직하게 말해서 너의 편지에 실망했어. 너는 내 마음의 친구였고, 내가 좋아하는 동료였으며 가장 가까운 친구였어. 그렇지만 전혀 정말로 전혀 우리 사이에 사랑이 끼어들리라고는 생각지 못했어.

제발 이 편지를 잊어버리자. 나는 우정이 사랑으로 변할 수 있다고 생각하지 않아. 네가 만약 그렇게 되기를 바란다면 우리 당분간 만나지 말자. 네가 없음을 백번 천번 서운해 하겠지만 내가 지금 대답할 수 없는 감정을 그대로 맞부딪칠 수는 없어.
안녕히.

2.5 유명한 사랑 편지 : Lettres d'amour célèbres

1) Henri IV à Corizandre d'Andoins comtesse de Guiche
앙리 4세가 기쉬의 백작 부인 꼬리장드르 당드완에게 보낸 편지(Guiche 백작 부인을 roi de Navarre인 Henri 4세가 정부로 사랑했다. 백작이 죽고나자 결국 둘은 결혼하였다.)

Mon âme,

Tenez-moi en notre bonne grâce et n'entrez jamais en doute de ma fidélité ; que je sache souvent de vos nouvelles. Adieu, mon coeur, votre esclave vous baisse un million de fois les mains.

나의 영혼이여,

우리들의 후의 가운데 나를 붙들어주시오. 그리고 나의 충실한 마음을 조금도 의심치 말아 주시오. 당신에게서 자주 소식이 왔으면 좋겠소. 나의 심장이여, 안녕. 당신의 노예가 당신의 손에 백만번의 키스를 보낸다오.

2) Fin d'un billet d'amour 사랑 편지의 끝말

Bonsoir, mon âme, je voudrais être un coin de votre foyer pour réchauffer votre potage. Je vous baise un million de fois.

나의 영혼이여, 안녕. 나는 차라리 당신의 국을 데워 드릴 난로의 한 모퉁이가 되고 싶소. 백만번의 키스를 당신에게 보낸다오.

3) Et une autre finale 또 다른 사랑 편지의 끝말

Je vous supplie de croire que je vous serai fidèle jusqu'au tombeau : sur cette vérité, ma chère maîtresse, je baise un million de fois vos blanches mains.

J'ai deux petits sangliers et deux faons de biche, mandez-moi si les voulez.

나는 무덤에까지 당신에게 충실하겠다는 사실을 믿어주기 바라오. 이 사실 위에 당신의 하얀 손위에 백만번의 키스를 보낸다오.
내가 두 마리의 멧돼지와 두 마리의 사슴 새끼를 잡았는데 당신이 원한다면 요구하시오.

4) Henri IV à Gabrielle d'Estrées
앙리 4세가 가브리엘 데스트레에게 보낸 사랑 편지

Mes belles amours,

Deux heures après l'arrivée de ce porteur, vous verrez un cavalier qui vous aime fort, que l'on appelle Roy de France et de Navarre, titre certainement honorable, mais bien pénible. Celui de votre sujet est bien plus délicieux. Tous trois ensemble sont bons, à quelque sauce que l'on puisse les mettre. Je n'ai résolu de les céder à personne. J'ai vu par votre lettre la hâte qu'avez d'aller à Saint-Germain. Je suis fort aise qu'aimiez bien ma soeur : c'est un des plus assurés témoignages que vous me pouvez rendre de votre bonne grâce que je chéris plus que ma vie, encore que je m'aime bien. Bonjour, mon tout, je baise vos yeux un million de fois.

우체부가 도착한 지 2시간이 지나면 당신은 당신을 매우 사랑하는 한 기사를 보게 될 겁니다.
사람들은 그를 프랑스와 나바르의 왕이라고 부르죠. 분명히 영예로운 직책이긴 하지만 아주 고통스럽기도 합니다. 당신의 신하라는 이름이 훨씬 좋습니다. 이 세사람은 남들이 그들에 대해 어떻게 말을 하건 모두 좋은 사람들입니다. 나는 이들을 누구에게도 양보하지 않을 겁니다.
당신의 편지를 보니 당신이 급히 셍제르멩으로 가야만 한다는 걸 알았소. 당신이 나의 누이동생을 사랑해준다니 마음이 놓이오. 그것은 내가 내 인생보다 아니 내가 내 자신을 사랑하는 것보다 더 값지게 여기는 은혜를 나에게 베푸는 확실한 증거 중의 하나요.
안녕히, 나의 전부여. 당신의 눈에 백만번의 키스를 보낸다오.

5) Henri IV à Henriette d'Entragues
앙리 4세가 앙리에트 당트라그에게 보낸 편지

Mon cher coeur,

J'ai une extrême joie de penser vous voir samedi. Résolvez-vous à me chérir à mon arrivée, et de me bien flatter car j'ai cinquante-quatre ans. Je me vais coucher qu'il est une heure et j'ai perdu mon argent. Bonsoir, le coeur à moi, je te baise un million de fois.

나의 소중한 심장이여,
당신을 토요일 만난다고 생각하니 기쁨이 이루 말할 수 없소. 내가 도착하면 나를 좀 극진히 사랑해주오. 그리고 내 기분도 좀 맞추어주고. 내 나이가 쉰 넷이니 말이요. 지금 한시고 은을 잃었으니 가서 자야겠소. 안녕, 나의 심장이여. 백만번의 키스를 보낸다오.

6) Napoléon à Joséphine 나폴레옹이 조세핀에게 보낸 편지

Nice, 10 Germinal, an IV (31 mars 1796)

Je n'ai pas passé un jour sans t'aimer. Je n'ai pas passé

un jour sans te serrer dans mes bras ; je n'ai pas pris une tasse de thé sans maudire la gloire et l'ambition qui me tiennent éloigné de l'âme de ma vie. Au milieu des affaires, à la tête des troupes, en parcourant les camps, mon adorable Joséphine est seule dans mon coeur, occupe mon esprit, absorbe ma pensée. Si je m'éloigne de toi avec la vitesse du torrent du Rhône, c'est pour te revoir plus vite. Si, au milieu de la nuit, je me lève pour travailler, c'est que cela veut avancer de quelques jours l'arrivée de ma douce amie, et cependant, dans ta lettre du 23, du 26 Ventôse, tu me traites de vous. Vous-même! Oh! mauvaise, comment as-tu pu écrire cette lettre? Qu'elle est froide! Et puis, du 23 au 26, restent quatre jours, qu'as-tu fait, puisque tu n'as pas écrit à ton mari? . . . Oh! mon amie, le vous et ces quatre jours me font regretter mon antique indifférence. Malheur à qui en serait la cause! Puisse-t-il, pour peine et pour supplice, éprouver ce que la conviction et l'évidence (qui servit ton amie) me feraient éprouver. L'enfer n'a pas de supplice! Ni les Furies de serpents! Vous! Vous! ah! que sera-ce dans quinze jours? Mon âme est triste ; mon coeur est esclave, et mon imagination m'effraie. . . . Tu m'aimes moins, tu seras consolée ; un jour, tu ne m'aimeras plus ; dis-le-moi, je saurai au moins mériter le malheur! . . . .

Adieu, femme, tourment, bonheur, espérance et âme de ma vie, que j'aime, que je crains, qui m'inspire des sentiments tendres qui m'appellent à la nature et des mouvements impétueux aussi volcaniques que le tonnerre! Je ne te demande ni amour éternel, ni fidélité, mais seulement une vérité, une franchise sans bornes. Le jour où tu dirais : je t'aime moins, sera le dernier de mon amour ou le dernier de ma vie. Si mon coeur était assez vil pour aimer sans retour, je le hacherais avec mes dents. Joséphine, Joséphine! Souviens-toi de ce que je t'ai dit quelquefois : la nature m'a fait l'âme forte et décidée. Elle t'a bâtie de dentelle et de gaze. As-tu cessé de m'aimer? Pardon, âme de ma vie, mon âme est tendue sur de vastes combinaisons qui me rendent malheureux. Je suis ennuyé de ne pas t'appeler par ton nom. J'attends que tu me l'écrives.

Adieu! ah! si tu m'aimes moins, tu ne m'auras jamais aimé. Je serais alors bien à plaindre.

                                     Bonaparte

                             1796년 3월 31일, 니스에서

하루도 당신을 사랑하지 않고 보낸 날이 없소. 또 하루도 당신을 내 팔에 껴안지 않고 보낸 날이 없소. 내 인생의 영혼인 당신으로부터 나를 멀리 떼어 놓고 있는 영광과 욕망을 저주하지않고는 차 한잔도 들지 못했소. 업무 중에 군대의 지휘자로서 그리고 전쟁터를 이리저리 휘젓고 다니면서도 나의 사랑하는 조세핀만이 나의 마음 속에 있었고 나의 영혼을 사로잡았으며 나의 생각을 온통 지배하고 있었다오. 론강의 격류와 같은 속도로 내가 당신에게서 멀어지는 것은 당신을 그만큼 빨리 다시 보기 위해서라오. 내가 한밤중에 일하려고 일어나는 것은 나의 사랑하는 애인이 단 며칠이라도 더 빨리 도착하도록 하기 위해서라오. 그런데 지난 풍월(프랑스 공화국제 6월) 23일과 26

일자의 편지에서 당신은 나를 vous라고 불렀소. vous라니! 나쁜 사람 같으니.

어떻게 나에게 이런 편지를 쓸 수 있었소? 냉정한 사람 같으니라고. 23일부터 26일 까지는 4일이 남았는데 그 사이에 당신의 남편에게 편지를 쓰지 않고 무엇을 하고 있었소? ... 오, 나의 친구여, vous라는 표현과 4일이 내가 예전에 무관심했던 것들을 후회하게 만들었소. 그것의 원인이 되게 한 사람에게 불행이 닥쳐오기를! 고통과 형벌을 받을 각오로 내가 확신과 확실함(당신의 친구에게 소용이 되는)을 느낄 수 있는 것을 그것이 느낄 수 있을까? 지옥에는 형벌이 없소!

머리카락이 뱀인 복수의 세 여신도 없소! Vous라니! Vous라니! 2주일 후가 되면 어떤 일이 벌어질까? 나의 마음은 슬프다오. 나의 심정은 노예가 되어버렸소. 내가 상상하는 일에 대해 나는 두렵소. 당신은 나를 덜 사랑하고 있어. 그리고 당신은 위안을 받고 있고. 언젠가는 당신이 나를 더 이상 사랑하지 않게 될거야. 그렇다고 말해보시오. 나는 적어도 불행을 맞이할 줄 알아야 하니까. 안녕, 여인이여, 고통이여, 행복이여, 희망이여, 내 영혼이여. 내가 사랑하고 내가 두려워하고, 나를 자연스럽게 불러주는 부드러운 감정을 불러 일으키는 사람이여. 그리고 천둥처럼 폭발적인 맹렬한 동작을 취하는 사람이여. 나는 당신에게 영원한 사랑을 요구하는 것이 아니오,

충실함을 요구하는 것도 아니오, 단지 진실, 끝없는 솔직성을 요구하는 것이오. 나는 당신을 덜 사랑하오라고 당신이 말하는 날이 내 사랑의 마지막 날, 내 삶의 마지막 날이 될 것이요. 만약 내 심장이 돌아오지 않을 사랑을 할만큼 천한 것이라면 난 내 이빨로 내 심장을 조각내겠소.

조세핀, 조세핀! 내가 당신에게 때때로 말한 것들을 기억해주시오. 나는 원래 영혼이 강하고 단호하다는 것을 말이오. 당신은 원래 아주 연약한 존재지. 당신은 더 이상 나를 사랑하지 않는거요? 용서해주시

오, 내 영혼이여. 나의 영혼이 나를 불행하게 만드는 여러 가지 혼란 속에 빠져있는 것 같소. 당신의 이름으로 당신을 부르지 못해 괴롭소. 당신이 나에게 편지해주기를 기다리겠소.

안녕, 아! 당신이 나를 덜 사랑한다면 당신은 결코 나를 사랑한 적이 없었던거요.

나는 그러면 통곡할 것이오.

보나파르트

7) Napoléon à Joséphine 나폴레옹이 조세핀에게 보낸 편지

Breslau, 13 Fructitor an IV
(10 août 1796)

J'arrive, mon adorée amie ; ma première pensée est de t'écrire. Ta santé et ton image ne sont pas sorties un instant de ma mémoire pendant toute la route. Je ne serai tranquille que lorque j'aurai reçu des lettres de toi. J'en attends avec impatience. Il n'est pas possible que tu te peignes mon inquiétude. Je t'ai laissé triste, chagrine, et demi-malade. Si l'amour le plus profond et le plus tendre pouvait te rendre heureuse, tu devrais l'être . . . . Je suis accablé d'affaires. Adieu, ma douce Joséphine, aime-moi, porte-toi bien, et pense souvent, souvent, à moi.

1796년 8월 10일, 브레스로에서

나의 친애하는 친구여, 내가 막 돌아왔소. 내가 맨 처음 생각해내는 것은 당신에게 편지를 쓰는 것이오. 내가 돌아오는 동안 당신의 건강

과 얼굴 모습이 나의 기억 속에서 잠시라도 떠난 적이 없었소. 당신한테서 편지를 받아야만 마음이 진정될 것 같소. 편지를 기다리느라 안달이 날 지경이오. 내가 걱정하는 것을 당신은 그려낼 수 있을까? 나는 당신을 슬프게 하였고, 괴롭게 하였으며 조금은 아프게도 하였지. 가장 섬오하고 가장 부드러운 사랑이 당신을 행복하게 만들 수 있다면, 당신은 그렇게 돼야만 하는데... 나는 일이 많아 바쁘다오. 안녕, 나의 달콤한 조세핀이여. 나를 사랑해주오. 잘 지내시오. 그리고 자주 아주 자주 내 생각을 해주고.

8) Le Général de La Fayette à sa femme
라파예트 장군이 부인에게 보낸 편지

Ce samedi 8 mai 1775 : J'ai trouvé une occasion, mon cher coeur : c'est un homme qui va vous voir en poste. J'en suis jaloux et j'imagine que j'irais bien plus vite que lui, mais enfin peu vaut mieux que rien, et puisque j'en suis réduit à vous écrire, je me plais à penser que cette lettre arrivera plus tôt que par le courrier. J'en ai reçu deux de vous qui m'ont fait un plaisir inexprimable. Le sentiment qui y est peint, d'une manière charmante, me les rendent bien chères. Vous avez eu des révoltes ; nous sommes fort tranquilles. Cependant l'on prévoit que nous pourrions marcher vers Reims, pendant le sacre, s'il y avait des mouvements. C'est peut-être une nouvelle garnison. Vous me feriez plaisir, mon cher coeur, de me mander dans un grand détail tout ce qui se passe, ce qu'on dit à la cour. Vous ne sauriez croire combien c'est agréable dans ce pays-ci. Les plaisirs ne sont pas vifs ; la bonne compagnie me paraît médiocre, excepté le chapitre, où je m'ennuie; et je ne m'amuse qu'à ce qui ennuie beaucoup de gens. Je me couche de bonne heure, je me lève matin, je passe la moitié de la journée à cheval et je cours après toutes les troupes. Nous avons de tout pour nous instruire. Je voudrais bien trouver un secret, mon cher coeur : ce serait une manoeuvre qui me transporterait dans votre chambre. Ma lettre part avec la confiance d'être bien reçue de vous, mais elle ne sentira pas quel plaisir c'est de vous voir et je n'en suis plus jaloux. Mille respects à Mme d'Ayen, mille compliments aux petites soeurs qui ont le bonheur de passer leur vie avec vous et Mlle Marin.

오늘 1775년 5월 8일 토요일, 내가 어떤 한 경우를 보았소, 나의 소중한 심장이여. 어떤 한 남자가 우편물을 들고 당신을 보러 갈 것이오. 질투심이 나는데. 내가 그 남자보다 더 빨리 가는 것을 상상해 본다오. 하지만 아무 것도 안하는 것보다는 조금이라도 무언가 하는 게 낫지. 나는 겨우 당신에게 편지 쓰는 걸로 만족해야 하니 이 편지가 우편물보다 빨리 도착하기를 생각하며 위안을 삼는다오. 당신에게서 두 통의 편지를 받는데 나는 표현할 수 없을 만큼 기뻤다오. 거기에 매력적으로 그려진 감정은 그 편지를 소중하게 만들고 있소. 당신은 반란을 일으켰소. 우리는 아주 침착했지. 그렇지만 남들은 우리가 대관식에 어떤 행사가 있다면 렝스를 향해 걸어갈 수 있으리라 예견하지. 그건 아마 새로운 주둔부대인 것 같소. 진행되고 있는 모든 일, 궁정에서 사람들이 나에게 말하는 것들을 나보고 상세하게 요구한다면 더 기쁠 것 같소, 나의 소중한 심장이여. 이 나라에서 얼마나 쾌적한지 당신은 믿을 수 없을거요. 기쁨들이 생생하지도 않고, 훌륭한 수행 여자도 비천해 보이고 말이오. 성당 참사회는 예외인데 나는 짜증이 나오. 나는 많은 사람들이 괴로워 하는 일에 재미를 느끼고 있소. 나는 일찍 자고 아침에 일어나 하루의 절반을 말 위에서 보내고 있고 여러 군부대를 이리저리 뛰어다니고 있소. 우리는 서로에게 알릴 수 있는 모든 방법들을 갖고 있소. 비밀 하나를 찾고 싶소, 나의 소중한 심장이여. 그것은 나를 당신의 방으로 옮겨다 줄 작전이라오. 내가 보낸 편지는 당신에게 확실하게 잘 도착될 것이오. 그렇지만 당신의 손에 닿는 것이 얼마나 기쁜 일인지 편지는 느끼지 못할 것이오. 그것에 대해서는 질투심이 나지 않소. 다엔 부인에게 경애를 표하오. 그리고 당신과 마렝 양하고 같이 살아가는 행복을 누리는 어린 여동생들에게 찬사를 보내오.

9) Juliette Drouet à Victor Hugo
줄리에트 드루에가 빅토르 위고에게 보낸 편지

Mon bien-aimé Victor, je suis encore toute émue de notre soirée d'hier . . . Hier, 3 juillet 1834, à dix heures et demie du soir, dans l'auberge de l'Ecu-de-France, moi, Juliette, j'ai été la plus heureuse et la plus fière des femmes de ce monde ; je déclare encore que, jusque-là, je n'avais pas senti dans toute sa plénitude le bonheur de t'aimer et d'être aimée de toi. Cette lettre, qui a toute la forme d'un procès-verbal, est en effet un acte qui constate l'état de mon coeur. Cet acte, fait aujourd'hui, doit servir pour tout le reste de ma vie dans le monde ; le jour, l'heure et la minute où il me sera représenté, je m'engage à remettre ledit coeur dans le même état où il est aujourd'hui, c'est-à-dire rempli d'un seul amour qui est le tien et d'une seule pensée qui est la tienne.

Fait à Paris, le 4 juillet 1834, à trois heures de l'après-midi. Juliette. Ont signé pour témoins les milles baisers dont j'ai couvert cette lettre.

나의 친애하는 빅토르, 나는 아직도 어제 저녁 사교회 모임에 감동되어 있어요. 1834년 7월 3일인 어제 저녁 10시 반에 에삐 드 프랑스의 식당에서 나 줄리에트는 이 세상 모든 여인들 중에서 가장 행복하고 가장 자랑스런 사람이었다오. 나는 지금도 단언하건대 그때까지 나는 당신을 사랑하고 당신에게서 사랑받는다는 행복감을 완전히 느끼지 못했어요. 공식 보고서의 형식을 띠는 이 편지가 내 심정의 상태를 확인해주는 증서가 됩니다. 오늘 작성한 이 증서는 이 세상에서 내 인생의 나머지 모든 부분에 소용이 되는 것입니다. 나에게 다가오는 날, 시간, 분에도 나는 상기 내 심정을 오늘의 상태대로 유지할 것을 맹세합니다. 다시 말해 당신의 사랑인 단 하나의 사랑으로 채울 것이며 당신의 생각인 단 하나의 생각만으로 살아갈 것입니다.

빠리에서 1834년 7월 4일, 오후 3시, 줄리에트. 증인으로는 천번의 키스로 이 편지를 봉합니다.

10) Juliette Drouet à Victor Hugo
줄리에트 드루에가 빅토르 위고에게 보낸 편지

Te rappelles-tu nos départs, et comme on se serrait l'un contre l'autre sous la capote de la diligence? La main dans la main, l'âme dans l'âme, on perdait le sentiment de tout ce qui n'était pas notre amour. Et quand on arrivait à l'étape, quand on visitait cathédrales et musées, on admirait toutes choses à travers l'émotion dont nos coeurs étaient inondés. Que de chefs-d'oeuvre m'ont ainsi exaltée parce que tu les aimais et que ta bouche savait m'en éclaircir le mystère! Que de marches j'ai montées jusqu'au sommet d'interminables tours, parce que tu les montais devant moi! . . . .

우리가 떠나던 걸 기억하세요? 합승 마차의 덮개 아래에서 우리는 서로 포옹했었죠. 손을 마주 잡고 영혼을 주고 받으며 우리의 사랑과 관계없는 것들은 아무 것도 느끼지 못했죠. 우리가 한 여행지에 도달하든가, 성당과 박물관을 둘러볼 때, 우리는 심장이 뛰는 감정을 통해 사물들을 바라보곤 하였죠. 당신이 좋아하는 이유로 그 많은 걸작품들이 나를 흥분시켰고 당신의 설명으로 그 신비로움을 알수 있었어요. 당신이 나보다 앞서 올라갔기 때문에 나는 끝없는 탑의 꼭대기까지 걸어 올라갔다오...

11- a) La plus belle lettre d'amour durant la guerre

전쟁중에 포로 수용소에서 있었던 사랑 편지 쓰기 대회에서 쓰여진 편지들이다.

Dans le camp il fait froid, il fait triste, il fait noir.
Baraques, barbelés, chemins neigeux, qu'importe :
Ton image rayonne en mon coeur et, le soir,
Dans la nuit qui descend, mon rêve, enfin, m'emporte.
Il s'envole vers toi qui m'as, sans le savoir,

Donné la volonté plus tenace et plus forte
De vivre, mon amour, afin de te revoir.
Il fait froid. Sur le sol couvert de neige dure
J'ai traîné tout le jour mon éternel ennui.
Pas de lettres de toi . . . Comme le temps me dure!
Dès le matin j'aspire au retour de la nuit . . .
Vois-tu, c'est la seule heure où je sois moins morose,
Car je sais qu'en voyant le crépuscule rose
Tu dis : 《Un soir qui meurt me rapproche de lui.》
Non, mon amour, je ne suis pas trop malheureux
puisque j'ai tes lettres où tu me dis que tu m'attends
et qu'aussi longue que puisse être ma captivité, mon
souvenir demeurera en toi, toujours ; j'ai dans mon
coeur ton image si vivante, que je crois sentir ta tête
se poser sur mon épaule chaque fois que je ferme les
yeux et que ma rêverie s'envole vers toi ; et j'ai
surtout ce cadeau si précieux que tu m'as fait sans
le savoir : la volonté farouche de vivre et de tout
surmonter pour te revoir.
Je t'aime, je t'aimais, je t'aimerai, je t'aime!
De loin comme de près, demain comme jadis.
Ton souvenir fidèle est la force suprême
Qui, de ce morne enfer, me fait un paradis.
Ton corps, ô mon amour, est l'unique poème
Que sans cesse, tout bas, je me chante à moi-même.

P.S. — Mets donc du chocolat dans ton prochain colis.

야영지에서는 날씨도 춥고 슬프고 어둡소.
막사에는 가시도 있고 길은 눈으로 덮여 있어도 괜찮소.
당신의 영상이 나의 심장에서 빛나고
저녁에는 내려앉은 밤 가운데 나는 꿈속으로 들어간다오.
꿈속에서 나는 당신을 향해 날아가고
당신은 내가 살아서 당신을 다시 만날 강한 의지를 은연중에 주었소.
나의 사랑이여,
날씨는 춥고 땅은 단단한 눈으로 덮여 있고
나는 종일 끝없는 고민으로 괴로워하고 있소.
당신한테서는 편지도 없고, 시간은 얼마나 지루한지.
아침이 되면 나는 벌써 밤이 오기를 기다린다오.
밤은 내가 덜 우울한 시간이니까.
장미빛 황혼을 보면서 당신이 말했지.
《떨어지는 저녁이면 나는 그대에게 다가간다네》라고.
괜찮아, 내 사랑. 나는 그렇게 불행하지는 않아.
당신이 나를 기다리겠다고 말한 당신의 편지를 갖고 있으니까.
나의 갇힌 상태가 아무리 오래 간다해도
나의 추억은 언제나 당신 속에 있으니까.
나의 마음 속에는 당신의 영상이 생생하고
내가 눈을 감으면 당신은 내 어깨 위에 머리를 기대고 있음을 느낀다오.
나의 꿈은 당신을 향해 날아가고 있소.
특히 당신은 은연중에 나에게 소중한 선물을 주었소.
당신과 재회하기 위해서 살아 남아야 되고
모든 어려움을 극복해야 한다는 강한 의지를 말이오.
당신을 사랑하오, 사랑했소, 사랑할 것이오, 사랑하오.
가까이서 또 멀리서, 예전처럼 내일도

당신의 추억이 이 침울한 지옥에서 나에게 천국을
가져다주는 천사의 힘이라오.
나의 사랑이여, 당신의 육체는 내가 아주 나즈막하게
끊임없이 노래하는 유일한 시라오.

추신 : 그러니 다음 번의 소포에는 초콜렛을 좀 넣어보내시오.

11- b)

Dans la tristesse de ma vie de prisonnier, mon cher amour, il est une source de joie que rien ne saura tarir : la permanence de ta présence spirituelle qui, pas un instant, ne s'évade de ma pensée. Tu es le baume épandu sur mes angoisses, la clarté qui illumine mon âme, l'oasis où se réconfortent mes espoirs. Chacun de mes jours sera marqué par l'évocation de nos heures bénies, en attendant que nous puissions à nouveau mêler les hautes flammes de notre amour, qui n'auront jamais vacillé.

나의 소중한 사랑이여,
포로로 갇혀있는 내 인생의 슬픔 가운데, 당신은 그 어느 것도 마르게 할 수 없는 기쁨의 샘물이 된다오. 내 영혼 속에 언제나 함께 하는 당신의 존재는 한 순간도 나의 머리에서 벗어나지 않았어. 당신은 나의 고민을 덮어주는 방향제가 되고 나의 영혼을 밝혀주는 밝음이며, 나의 희망이 위로를 받는 오아시스라오. 나는 날마다 우리가 함께 했던 즐거운 시간을 회상하면서 살아간다오. 우리가 다시 한 번 결코 흔들리지 않을 우리 사랑의 높은 불꽃을 피울 그 날을 기다리며 말이오.

구직에 관한 편지 La recherche d'emploi

3.1 구직 신청 편지 : La lettre de candidature

Monsieur le Directeur,

Pour faire suite à notre entretien téléphonique du . . . (à l'annonce que vous avez fait insérer dans . . .), je vous prie de trouver ci-joint mon curriculum vitae.

Comme vous pourrez le constater à sa lecture, mon expérience professionnelle ainsi que ma formation correspondent en tous points à ceux demandés pour le poste à pourvoir.

De plus, j'ai suivi un stage de perfectionnement dans le domaine spécialisé de (이력서에 드러나지 않은 분야명) à. . . , pendant . . . jours (semaines, mois).

En souhaitant que ma candidature retiendra votre attention et restant à votre disposition pour tout entretien à votre convenance, je vous prie de croire, Monsieur le ( ), à l'assurance de mes sentiments distingués.

사장님

지난 . . 월 . . 일 (또는 . . . 신문에 낸 당신의 공고를 보고) 당신과 전화로 나눈 대화에 이어 여기 저의 이력서를 동봉합니다.

그 이력서를 읽고 당신도 확인하실 수 있듯이, 저의 교육 경력과 직업 경험이 당신이 채용하고자 하는 자리에 요구되는 모든 사항에 부합합니다.

더 나아가 저는 .. 부터 .. 까지 ... 전문 분야에서 재교육을 받았습니다.

저의 신청이 당신의 주의를 끌기를 바라고 당신에게 편한 시간에 어떠한 종류의 면접도 할 수 있음을 알려드립니다. 사장님, 저의 확언하는 각별한 심정을 받아주십시오.

3.2 광고를 보고 구직 편지 :

Réponse à une annonce concernant un emploi

Monsieur,

Je viens de lire dans le Figaro dans la rubrique des annonces concernant des emplois que vos services recherchent une secrétaire.

Cette proposition m'intéresse vivement et je me permets de poser ma candidature à ce poste. D'autre part, vous trouverez, ci-joint, mon curriculum vitae.

Je me tiens à votre entière disposition au cas où vous voudriez me rencontrer.

J'ose espérer qu'il vous plaira d'examiner ma candidature avec bienveillance et je vous prie de croire, Monsieur, à ma considération très distinguée.

피가로지를 통해 당신의 부서에서 여비서 직원을 구한다는 광고를 읽었습니다.

저는 이 제의에 크게 관심이 있어 이 자리에 후보자 신청을 합니다.

동봉한 저의 이력서를 참조하십시오. 저를 만나보기 원하신다면 언제든지 처분대로 하겠습니다.

저의 후보 신청을 호의적으로 검토해 주시기 바라며 저의 각별한 고려를 믿어주시기 바랍니다.

3.3 이력서를 보낼 때 :

Pour envoyer un curriculum vitae

Monsieur,

Conformément au désir que vous avez exprimé, je vous prie de trouver ci-après mon curriculum vitae :

Nom et prénom :

Age :

Adresse :

Nationalité :

Etudes :

Diplômes :

Emploi désiré :

Emplois précédents :

Dans quelles entreprises :

Salaire demandé :

J'espère que ces précisions vous satisferont et je vous demande de croire, Monsieur, à ma considération très distinguée.

당신께서 말씀하신 바대로 여기 저의 이력서를 동봉합니다 :
이 름 :
나 이 :
주 소 :
국 적 :
학 력 :
학위증 :
바라는 직종 :
근무하던 직종 :
근무하던 회사 :
요망하는 급여액 :

위와 같은 구체적인 사항이 당신의 요구에 부합하기를 바라며 저의 각별한 고려를 믿어 주십시오.

3.4 이력서(Curriculum vitae)의 한 예

Minsou LEE
31, rue Sainte Chapelle
75011 Paris
T l. 40 24 87 36

Né à Séoul, le 5 avril 1960
Marié, 2 enfants
Nationalité coréenne

사 진

1960년 4월 5일 서울 출생
기혼, 자녀 2
국적 한국

Formation 교육경력

1978 Fin d'études secondaires au lycée Yoido, Séoul
   1978년 서울 여의도 고등학교 졸업

1982 Obtention de la licence en lettres modernes à l'université nationale de Séoul
   Département de la langue et littérature française
   1980년 서울대학교 인문대학에서 문학사 학위 취득, 불어불문학과

1986 Obtention de la maîtrise en linguistique à l'univsersité de Paris IV
   1986년 빠리 4대학에서 언어학 석사 학위 취득

1991 Obtention du doctorat en linguistique à l'université de Paris IV
   1991년 빠리 4대학에서 언어학 박사 학위 취득

Expériences professionnelles 직업 경력

1982. 4. ‑1984. 4 Service militaire   군복무
Actuellement   현재
—(현재 근무하는 직장 부서와 직위 명기)
Auparavant, de 19 . . à 19 . . (이전 . . 부터 . . 까지)
—(전에 근무했던 직장과 부서명을 명기)
Et de 19 . . à 19 . .(. . 부터 . . 까지)
—(간략하게 기재)

Langues étrangères : Anglais, Allemand, Espagnol,
parlé à . . . %, lu à . . . %, écrit à . . . %
   외국어 : 영어, 독일어, 스페인어, . . % 말할 수 있음, . .

% 읽을 수 있음, .. % 쓸 수 있음

Publications 출판 및 저서

—

—

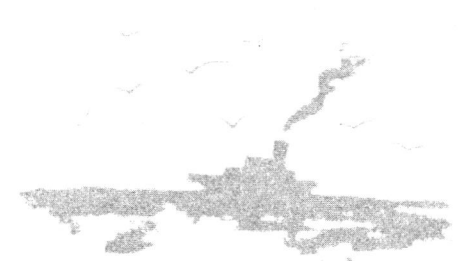

추천서 Recommandations

추천서를 써 줄 때에는 짧게 간략하게 쓰고 피추천자의 이름, 주소, 경력 등을 별도의 종이에 적어서 동봉해야 한다.

4.1-a 직원을 채용하려는 사장에게 :
A un directeur qui cherche un employé

Monsieur,

Permettez-moi de vous recommander M. Sejin Kim que je connais depuis longtemps et qui pourrait sûrement se charger avec succès de l'emploi pour lequel vous souhaitez quelqu'un de confiance.

Sejin Kim est sérieux, intelligent et dévoué. Il vous montrera d'ailleurs des références nombreuses et tout à son honneur.

Je m'excuse de venir vous importuner, mais je pense que vous n'auriez pas à regretter votre choix, si vous décidez à prendre ce garçon.

Je vous prie d'agréer, Monsieur, l'assurance de ma considération la plus distinguée.

사장님

본인은 오래 전부터 알고 있는 김세진 군을 당신에게 추천합니다. 그는 당신이 믿을 만한 사람에게 맡길 일을 성공적으로 확실하게 감당할 수 있는 사람입니다.

김세진 군은 신중하고 지혜로우며 헌신적인 사람입니다. 그는 당신에게 여러 가지 소개서들을 제시할 것입니다. 이것들은 모두 그의 명예를 걸고 하는 것들입니다. 폐를 끼쳐드려 죄송합니다만 당신께서 이 사람을 쓰신다면 당신께서 하신 선택에 후회하지는 않으실 겁니다.

저의 최상으로 존경하는 마음의 확신을 받아주시기 바랍니다.

4.1-b 사장에게 추천

Cher Monsieur,

Je sais que vous cherchez un homme de confiance pour diriger votre service de vente. Permettez-moi de vous recommander vivement Sejin KIM. Je le connais de longue date et je suis convaincu qu'il est l'homme qu'il vous faut. Convoquez-le, parlez avec lui. Il vous montrera ses références. J'espère vous rendre service autant qu'à lui en vous l'envoyant.

Veuillez croire, cher Monsieur, à mon souvenir le meilleur.

사장님

당신 회사의 판매부서를 이끌어갈 믿을만한 사람을 찾고 있음을 알고 있습니다. 당신에게 김세진 군을 강렬하게 추천하는 바입니다. 본인은 그를 오래전부터 알고 있으며 그가 당신이 찾고 있는 사람이라는 확신이 섭니다. 그를 불러서 한 번 말씀을 나누어 보십시오. 그는 자기의 소개서를 보여줄 겁니다. 당신에게 그를 추천하면서 제가 그에게 소용이 되는 것처럼 당신에게도 소용이 되었으면 좋겠습니다. 저의 가장 좋은 추억을 믿어주시기 바랍니다.

4.2 친구에게 추천장을 써달라고 부탁하는 편지 :
Pour demander une recommandation à un ami

Cher ami,

Je suis certain que vous vous réjouirez avec moi de la bonne nouvelle que je vous annonce. Je viens de trouver un poste dans la compagnie X.

Au cours de notre entrevue, il m'a appris qu'il vous connaissait fort bien et vous aimait beaucoup. Je pense qu'un petit mot de votre part serait le bienvenu si cela ne vous ennuie pas trop . . . car rien ne pourrait m'être plus utile que votre précieux appui.

Croyez bien que seuls nos liens d'amitié m'autorisent à vous suggérer cette petite intervention si toutefois cela ne vous gêne en aucune façon.

Merci mille fois et soyez assuré de toute ma reconnaissance et de mon très amical souvenir.

친구여,

너에게 전하는 기쁜 소식을 듣고 나와 마찬가지로 너도 기뻐하리라 확신한단다. 나는 X 회사에 한 자리를 막 찾았어. 그런데 내가 면접을 하는 동안 그가 너를 아주 잘 알고 있으며 너를 아주 좋아한다고 나에게 말하더라구. 방해가 되지 않는다면 네가 한마디 해주는 것이 크게 도움이 될 것 같아. 다른 어떤 것보다 너의 귀중한 도움이 나에게는 가장 유용할 것 같기 때문이야.

단지 우리의 우정으로 인하여 내가 너에게 이러한 부탁을 하는 것이니 너에게 조금이라도 방해가 되지 않는다면 그렇게 해주길 바라네. 천번 감사하고 내가 감사하는 마음과 우정어린 추억을 확신하기 바라네.

4.3 광고 : La petite annonce

Secrétaire de direction, bilingue, 2 ans expérience, discrétion, efficacité, connaissance traitement de textes et télex, toutes machines. Libre immédiatement. (18단어 사용)

총무과(또는 인사과) 비서, 이중언어 구사, 2년 경력, 신중하고 효율적으로 일함, 컴퓨터 텍스트 작업과 텔렉스 등 모든 기계 다룰 수 있음, 즉시 일할 수 있음

직장업무에 관한 편지

5.1 사직서 : La lettre de démission

Monsieur le Directeur

Je vous informe que j'ai décidé de démissionner de mes fonctions et de rompre le contrat qui me lie à votre entreprise à compter du 19 . .

Mon préavis de . . . mois commencera donc à courir dès réception de cette lettre et prendra fin le . . . 19 . .

Veuillez recevoir, Monsieur, mes salutations distinguées.

인사과장님
 . . . 일자로 저의 직책에서 사직하고 나와 당신의 기업간에 맺어진 계약을 파기하기로 작정하였음을 알려드립니다.
 이 편지를 받는 즉시 . . . 개월의 저의 사전 통고 기간이 시작되며 . . 년 . . 월 . . 일 끝나게 됩니다.
 저의 각별한 인사를 받아주십시오.

5.2 계약 만료 수당 지급의 요구 :
Demande de versement de l'indemnité de fin de contrat

Monsieur,

J'ai travaillé pour votre entreprise en qualité de (직위)

dans le cadre d'un contrat à durée déterminée qui a pris fin le . . . 19 . .

Si j'ai bien reçu le salaire qui m'était dû pour mon travail, vous ne m'avez pas versé l'indemnité dite de fin de contrat prévue par les articles L.122-3-4 et D. 121-4 du Code du travail, qui doit être au moins égale à 5% des sommes perçues pendant ma période de travail dans votre entreprise. Pour le calcul de cette indemnité, vous devez également prendre en compte l'indemnité compensatrice de congés payés.

Je suppose qu'il s'agit d'un oubli qui sera vite réparé et, dans cette attente, je vous prie de recevoir, Monsieur, mes salutations distinguées.

사장님

본인은 한정된 기간의 계약으로 당신의 회사에서 . . . 직위로 근무하였으며, 그 계약은 . . 년 . . 월 . . 일 만료되었습니다.

본인은 주어진 업무에 대한 급료는 잘 받았습니다만 노동법 . . . 조 . . 항에 근거한 계약의 만료에 따른 수당을 지급받지 못했습니다. 수당은 당신의 회사에서 본인이 근무하던 당시에 제가 받던 급료의 적어도 5%로 되어 있습니다. 이 수당의 계산에 대해서 당신은 유급 휴가 수당도 같이 계산해 주셔야 됩니다.

이는 단순히 기억해내지 못해서 그런 일이고 곧 해결될 문제라 생각합니다. 당신의 답장을 기다리며, 저의 각별한 인사를 받아주시기 바랍니다.

5.3 결혼에 의한 휴가의 요청 :
Demande de congé pour le mariage de l'intéressé

Monsieur,

J'ai le plaisir de vous annoncer mon mariage à la date du . . . 19 . .

En conséquence, je vous informe que j'ai l'intention de prendre les quatre jours de congé pour événement familial prévus par l'article L. 226-1 du Code du travail, les . . ., . . ., . . ., et . . . 19 . .

Vous trouverez ci-joint mon acte de mariage.

Dans l'attente de votre accord, je vous prie de croire, Monsieur, à l'assurance de mes sentiments distingués.

사장님

본인은 . . 년 . . 월 . . 일 결혼하게 되었음을 알려드립니다.

그리하여 본인은 노동법 . . 조에 근거한 가사를 위한 . . 월 . . 일부터 . . 월 . . 일까지 4일간의 휴가를 가질려고 합니다.

이 편지에 동봉한 저의 결혼 약정서를 참조하시기 바랍니다.

당신이 동의해 주실 것을 기다리며, 저의 확언하는 각별한 심정을 믿어주시기 바랍니다.

5.4 아버지나 어머니의 사망에 따른 휴가 요청 : Demande de congé pour le décès du père ou de la mère

Monsieur,

Mon père (Ma mère) vient de décéder le . . . 19 . .

En conséquence, je vous informe que j'ai l'intention de prendre le jour de congé pour événement familial prévu par l'article L. 225-1 du Code du travail, le . . . 19 . . pour assister à ses obsèques.

Vous trouverez ci-joint l'acte de décès de mon père (ma mère).

Je vous prie de croire, Monsieur, à l'assurance de mes sentiments distingués.

본인의 아버님(어머님)께서 . . 월 . . 일 사망하셨습니다.
장례식에 참여하기 위해서 본인은 노동법 . . 조 가사를 위한 사건으로 . . 월 . . 일 휴가를 가지려고 합니다.
이 편지에 동봉한 저의 아버님(어머님)의 사망서를 참조하시기 바랍니다.
확언하는 저의 각별한 심정을 믿어주시기 바랍니다.

5.5 사장에게 임신 상태를 알리는 편지 :
Information à l'employeur de l' état de grossesse

Monsieur,

Je vous écris pour vous informer que j'attends un enfant. La naissance est prévue pour le . . . 19 . .

En conséquence, mon congé de maternité commencera le . . . 19 . . et se terminera au plus tôt le . . . 19 . .

Je demande à bénéficier des dispositions de la Convention collective relative à l'aménagement des horaires de travail(à la réduction d'un quart d'heure de la durée quotidienne de travail.)

Je vous prie de recevoir, Monsieur, mes salutations distinguées.

사장님
 본인은 지금 임신중임을 알려드립니다. 출산은 . . 년 . . 월 . . 일로 예정되어 있습니다.
 그래서 저의 임신에 의한 휴가가 . . 년 . . 월 . . 일부터 시작되어 빠르면 . . 년 . . 월 . . 일 끝나게 됩니다.
 노동 시간의 조정(또는 일당 노동 시간을 4분의 1로 줄여줌)에 관한 단체 협약 사항을 혜택받기 원합니다.
 사장님, 저의 각별한 인사를 받아주십시오.

5.6 재직 증명서 요청 : Demande d'attestation d'emploi

Monsieur,

Je me permets de vous écrire pour vous demander de me délivrer une attestation d'emploi précisant la date de mon arrivée dans votre entreprise ainsi que ma qualification.

En effet, l'école de mon enfant me demande ce document pour compter mon dossier.

En vous remerciant à l'avance pour votre diligence, je vous prie de croire, Monsieur, à l'assurance de mes sentiments distingués.

사장님

본인에게 재직 증명서를 하나 떼어주시도록 부탁드리려고 편지를 씁니다. 재직증명서에는 제가 귀사에 입사한 날짜와 저의 직책을 명기해주시기 바랍니다.

제 아이의 학교에서 저에 대한 서류를 만들기 위해 이 증명서를 가져오라고 요구합니다.

당신께서 신속히 처리해주실 것에 대해 미리 감사드리며, 저의 확언하는 각별한 심정을 믿어주시기 바랍니다.

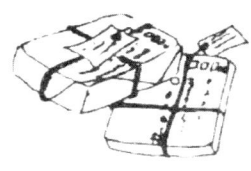

5.7 초과 근무 수당 요구서 : Demande de paiement des heures supplémen-taires

(주당 노동 시간이 39시간 이상이면 초과 임금을 요구할 수 있으며, 처음 8시간은 25%, 그 이상의 노동 시간은 50%의 초과 임금을 요구할 수 있다.)

Monsieur,

Je me permets de vous écrire pour vous demander de me régler les heures supplémentaires que j'ai effectuées au cours de la période du . . . 19 . . au . . . 19 . .

En effet, pendant cette période, j'ai travaillé de . . heures à . . , du lundi au vendredi et . . heures le samedi matin, soit . . . heures par semaine.

En conséquence, je vous demande un rappel de 25% sur . . heures et 50% sur . . heures, en application de l'article L. 212-5 du Code du travail.

A défaut d'une régularisation de mon salaire dans le mois qui suit, je me verrai contraint de saisir le Conseil de Prud'hommes.

Recevez, Monsieur, mes salutations distinguées.

과장님
제가 . . 년 . . 월 . . 일부터 . . 년 . . 월 . . 일까지 추가적으로 근무한 시간에 대해 지불해주실 것을 부탁드리기 위해 편지를 씁니다.

이 기간 동안에 저는 월요일부터 금요일까지는 . . 시부터 . . 시까지 근무했고, 토요일에는 . . 시간 근무해서 일주일에 . . 시간을 근무하였습니다.

그래서 노동법 . . 조에 근거하여 . . 시간에 대해서는 25%, . . 시간에 대해서는 50%의 추가 지급을 요구합니다.

다음 달까지 저의 급여를 정산해주시지 않을 경우에는 노사분쟁 조정위원회에 회부할 수밖에 없습니다.

저의 각별한 인사를 받아주십시오.

5.8 해고 이유 요구서 :

Demande des raisons du licenciement

(근로자가 해고 당했을 때 10일 이내에 배달 증명으로 해명서를 요구할 수 있으며, 사용자는 이 편지를 받고 10일 이내에 답변을 해야 한다.)

Monsieur,

Par lettre recommandée en date du . . . 19 . ., vous m'avez signifieé mon licenciement.

Au cours de l'entretien préalable qui s'est déroulé le . . . 19 . ., vos explications ne m'ont pas convaincu du bien-fondé de cette mesure, aussi, comme le prévoit l'article L. 122-14-2 du Code du travail, je vous demande d'énumérer de façon précise les raisons réelles et sérieuses de ce licenciement.

Dans l'attente de vous lire, je vous prie de recevoir, Monsieur, mes salutations distinguées.

사장님

..년 ..월 ..일자 등기편지로 당신은 저의 해고를 알려왔습니다. ..년 ..월 ..일 있었던 사전 면담에서 당신이 설명을 하셨는데 이 설명으로 해고 조치가 정당한 것이라고 저는 설득되지 않았습니다. 그래서 노동법 ..조에 근거하여 이 해고의 진지하고 실제적인 이유를 구체적으로 열거해 주실 것을 요구합니다.

당신의 편지를 읽기를 기다리며, 저의 각별한 인사를 받아주시기 바랍니다.

5.9 근무 경력 증명서 : Demande de certificat de travail

(사용자는 해고된 근로자가 요구할 경우 근무 경력 증명서를 떼어주어야 하며 이를 거절할 경우 벌금이나 경우에 따라서는 10일에서 1달간의 구금까지 이를 수 있다.)

Monsieur,

Vous m'avez licencié (J'ai démissionné, Mon contrat à durée déterminée est arrivé son terme) à date du . . . 19 . . et, au moment de mon départ de l'entreprise, vous ne m'avez pas délivré de certificat de tavail.

Je me permets de vous rappeler que ce document devait obligatoirement m'être remis à l'expiration de mon contrat de travail, ainsi que le prévoit l'article L.122-16 du Code du travail.

Je vous informe que je demande au Conseil de Prud'hommes (au Tribunal d'Instance) d'engager à votre encontre les poursuites prévues par l'article R.152-1 du même Code et de vous condamner à une astreinte de ... francs par jour de retard depuis mon dernier jour de présence dans votre entreprise.

Recevez, Monsieur, mes salutations distinguées.

사장님

..년 ..월 ..일자로 당신은 저를 해고했습니다. (저는 사직했습니다. 저의 한시적 계약이 끝났습니다.) 그런데 제가 귀사를 떠날 때에 당신은 저에게 근무 경력 증명서를 떼어주지 않았습니다.

노동법 ..조에 지적한 바와 같이 노동 계약이 끝나게 되면 이러한 서류가 당연히 저에게 주어져야 한다는 사실을 상기시켜 드립니다.

본인은 노사분쟁 조정위원회(지방 법원)에 요구하여 동 노동법 ..조에 의거하여 당신에 대해 소송을 걸어 본인이 귀사에 근무하던 마지막 날로부터 일당 ..프랑의 연체료를 부과시키겠다는 사실을 알려 드립니다.

저의 각별한 인사를 받아 주십시오.

관광 정보 요구 및 예약

6.1 여행 안내소에 정보 요구 :

Demande de renseignements au syndicat d'initiative

Monsieur,

Ayant l'intention de passer un mois de vacances à Cognac, je vous serais reconnaissant de bien vouloir m'envoyer tous les dépliants concernant cette région, accompagnés de la liste complète des hôtels et leurs prix de pensions.

En vous remerciant à l'avance, veuillez croire, Monsieur, à ma considération très distinguée.

꼬냑에서 한달간의 휴가를 보낼 생각입니다. 이 지역에 대한 모든 관계 자료와 호텔과 숙식비 등 제반 자료들을 보내주셨으면 감사하겠습니다.
미리 감사드리며 저의 각별한 고려를 믿어주시기 바랍니다.

6.2 호텔 사장에게 호텔에 관한 정보 요청 :

A un directeur d'hôtel pour lui demander des renseignements sur son établissement

Monsieur,

J'ai l'intention de passer deux semaines de vacances à

Deauville et je vous serais très reconnaissant de me faire savoir si vous auriez une chambre à deux lits avec salle de bains (ou cabinet de toilette) et vue sur la mer, au dernier étage si possible, pour être davantage au calme, du 1er au 15 juillet prochain.

    Voudriez-vous m'indiquer également le prix de pension complète pour deux personnes (ou de demi-pension)? Eventuellement peut-on se faire servir des repas de régime?

    En vous remerciant à l'avance, je vous prie de croire, Monsieur, à ma considération distinguée.

    본인은 도빌에서 2주일의 휴가를 보내려고 합니다. 욕실(또는 수도가 있는 화장실)이 갖추어져 있고 침대 2개의 방이 하나 있는지 알려주시면 대단히 감사하겠습니다. 전망은 바다를 향해 있고 조용히 보내고 싶으니 가능하면 꼭대기 방으로 해서 말입니다. 저는 다음 7월 1일부터 15일까지 있을 것입니다.

    또한 두사람이 세끼 식사를 하고(또는 아침 식사만 하고) 기숙하는 비용이 얼마인지 알려주시겠습니까? 경우에 따라서는 다이어트 식사를 제공받을수 있는지도 알고 싶습니다.

    미리 감사드리며 저의 각별한 고려를 믿어주시기 바랍니다.

6.3 예약 : Réservation

Monsieur,

    Je viens de recevoir votre lettre et suis d'accord sur les conditions de séjour dans votre hôtel. (repréciser chambre avec ou sans bains, pension ou demi-pension) Je resterai donc du 1er au 15 juillet à midi.

Je vous adresse, à titre d'arrhes, la somme de mille francs que vous trouverez en un chèque barré joint.

J'arriverai par le train le 1er dans la soirée et je vous serais reconnaissant d'envoyer la voiture de l'hôtel me chercher à la gare.

Je vous prie de croire, Monsieur, à ma parfaite considération.

당신의 답장을 받아 보았습니다. 그리고 당신 호텔의 체류 조건에 동의합니다. (이 경우에 세끼 식사를 하는지 또는 아침식사만 하는지, 방에는 욕실이 있는지 없는지, 침대는 1개인지 2개인지, 1인용인지 2인용인지를 명기해야 한다.) 7월 1일부터 15일 12시까지 제가 머물겠습니다.

선약금으로 1000프랑의 횡선을 친 수표(배서 불능 수표)를 동봉합니다.

6.4 빌라에 대한 정보 요청 :

Demande de renseignements pour une villa

Monsieur,

J'ai l'intention de passer mes vacances à Carnac et désirerais louer votre villa pendant les vacances. Celle-ci me plaît par sa description, son confort et sa situation me paraît convenir parfaitement à une famille de sept personnes. Voudriez-vous me faire savoir si vous consentiriez à me la louer pendant les mois de juillet et d'août et quel serait le montant du loyer.

D'autre part, vous seriez aimable de me préciser si je dois me munir de linge de maison, de draps et de couvertures. Je pense que la cuisine possède suffisamment de vaiselle et d'ustensiles pour la confection des repas.

En souhaitant que nous puissions mettre au point cette location, je vous prie de croire, Monsieur, à ma considération distinguée.

까르낙에서 저의 휴가를 보낼 생각입니다. 그리고 휴가 기간 동안에 당신의 빌라를 세내고 싶은데요. 당신의 빌라가 묘사한대로 라면 제 마음에 듭니다. 안락함과 위치 상황 등이 7명의 제 식구에게 꼭 맞을 거라 생각됩니다. 7월과 8월 동안 저에게 그 빌라를 세낼 수 있는지 알고 싶습니다. 그리고 세는 얼마인지요?

또 제가 집안에서 필요한 천과, 침대 시트, 침대 카바 등을 가지고 가야 되는지 알려 주시면 고맙겠습니다. 부엌에는 식사를 할 수 있는 식기들이 도구들이 충분히 있으리라 생각됩니다.

이 세 문제에 서로 동의하시길 기대하며, 저의 각별한 고려를 받아주시기 바랍니다.

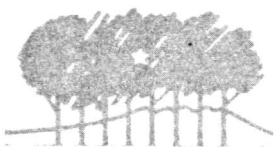

물건 사기와 주문하기 La consommation

7.1 텔렉스(Télex)로 주문하기

Emetteur   Destinataire
J.U. KIM   Sibéria Fourrures
231-11, Bangbaedong, Sochoku,   14, rue du Jeu de Paume
Séoul, Corée du sud   63000 Clermont-Ferrand
                                  France

Service : Achat
Responsable : M. Leclerc

Date : 24 / 10
Heure : 15.24

Message à transmettre :

Nous vous prions de bien vouloir nous expédier dans les plus brefs délais, et en tout cas avant le 15 décembre :

—10 manteaux T42 en vision black modèle VB 150
—30 manteaux T44   "   "   "   "
—20 manteaux T46   "   "   "   "

Merci. Salutations.

Codes télex : SEL 94182 K

발신자   수신자
J.U. KIM   시베리아 모피

서울시 서초구 방배동 231-11   최드뽐 도로 14번지
                              63000 끌레르몽 페랑

부서 : 구매과
책임자 : M. Leclerc
날짜
시간

전달할 메시지

가장 빠른 시일 내에, 어쨌든 12월 15일까지는 다음 물품을 우리에게 보내주시기 바랍니다.
— 검은 색조의 모델 번호 VB 150 규격 42 10개
— "   " "   "   규격 44 30개
— "   " "   "   규격 46 20개

감사합니다. 안녕히 계십시오.
텔렉스 번호 : SEL 94182 K

7.2 텔렉스로 방 예약하기

Emetteur : Ilsan Co.
Service : Relations publiques
Personne : J.U. KIM

Destinataire :
Hôtel Concorde
37 Av. de la République
50100 Cherbourg
France

Date : 15/2
Heure : 15.20

Message à transmettre :

Veuillez avoir l'obligeance de réserver 5 chambres individuelles avec salle de bains du 15 au 18 juin compris, à l'occasion du VIIe congrès international de cinéma.

Codes télex : SEL 94182 K

발신자 : 일산(주)
부서 : 대외업무부
담당 : J.U. KIM

수신자 : 콩코드 호텔
레퓨블릭 대로 37번지
50100 쉐르부르, 프랑스

날짜
시간

전달할 메시지 :

제 7차 국제 영화 회의에 맞추어 6월 15일부터 18일까지 욕실을 갖춘 5개의 개별 방을 예약해 주시기 바랍니다.

텔렉스 번호 : SEL 94182 K

7.3 텔렉스로 약속하기

Emetteur : Ilsan Co.
Service : Relations publiques
Personne : J.U. KIM

Destinataire :
Michel Traiteur
38 rue Moulin
73000 Chambéry
France

Date : 10 / 9
Heure : 11.25

Message à transmettre :

Veuillez nous fixer un rendez-vous pour M. K.S. LEE, notre directeur commercial, en déplacement en Savoie, entre le 22 et le 24 novembre prochains.
Remerciements. Salutations.

Codes télex : SEL 75149 K

발신자 : 일산(주)
부서 : 대외업무부
담당 : J.U. KIM

수신자 : 미셸 트레터
물렝 도로 38번지
73000 샹베리, 프랑스

날짜 :
시간 :

전달할 메시지

우리 회사의 영업부장 LEE K.S. 가 오는 11월 22일부터 24일까지 사보아 지방을 지나는데 그와의 약속을 확정해주시기 바랍니다. 감사합니다. 안녕히 계십시오.

텔렉스 번호 : SEL 75149 K

7.4-a 편지로 물품 주문하기

J.U. KIM
231-11, Bangbaedong, Sochoku,
Séoul, Corée du sud

Nos réf. : AC / PC / 10   Porcelaines Pyrovair
Vos réf. : —   25, route de Bordeaux
Objet : Commande   37000 Tours, France

Séoul, le 15 octobre, 19 . .

Monsieur,

Veuillez me faire parvenir dans les meilleurs délais et dans les conditions habituelles de vente (emballage compris et livraison franco de port par le Sernam) :

　　—Série Louis XV Décor Fleury :
　　—400 assiettes creuses à 60 F.
　　—800 assiettes plates à 60 F.
　　—400 assiettes à dessert à 45 F.
　　—100 services à café complets à 875 F.

Etant donné l'importance de ma commande et l'ancienneté de nos relations, je vous demanderai, exceptionnellement, de me permettre de régler votre facture à 90 jours.

Veuillez agréer, Monsieur, l'expression de mes sentiments distingués.

J.U. KIM

J.U. KIM
서울시 서초구 방배동 231-11

본사 참조 번호 : AC / PC / 10	삐로베르 도자기회사
폐사 참조 번호 :	보르도 도로 25번지
안건 : 주문	37000 뚜르, 프랑스

19..년 10월 15일, 서울에서

빠른 기한내에 그리고 일반 판매 조건(포장 포함, 세르남을 이용하여 항구 인도)으로 다음 물품들을 우리에게 보내주시기 바랍니다.

- 루이 15세, 플러리 장식 모델
- 단가 60프랑의 오목 접시 400개
- 단가 60프랑의 평접시 800개
- 단가 45프랑의 디저트용 접시 400개
- 단가 875프랑의 커피 세트 100개

저의 주문량이 많고 거래한 지도 오래되었으니, 당신의 청구서를 예외적으로 90일짜리로 해주실 것을 부탁드립니다.

저의 각별한 심정의 표현을 받아주시기 바랍니다.

7.4-b 주문 편지 : Lettre de commande

Monsieur,

Je vous serais reconnaissant de bien vouloir m'adresser le plus rapidement possible :

100 bouteilles de Champagne brut à 13,50 francs la bouteille

(indiquer franco de port ⁻port en plus ⁻etc)

Voulez-vous joindre la facture à votre envoi. Dès réception, je vous ferai parvenir un chèque barré.

다음의 물건을 가능한 가장 빨리 저에게 보내주시면 감사하겠습니다 :

병당 13,50 프랑인 샴페인 총 100병

(이 경우에 본선 인도 등 인도 조건을 명시한다.)

물건을 보내실 때 청구서를 동봉해 주시겠습니까? 수신 즉시 횡선을 친 수표(배서 불능 수료)를 보내드리겠습니다.

7.5 물품 주문하기 앞서 정보 요구

J.U. KIM
231-11, Bangbaedong, Sochoku,
Séoul, Corée du sud   LUMITEL S.A.
                                    Z.I. de Thau
                                    13270 Fos/Mer

Séoul, le 19 septembre 19 . .

Messieurs,

J'ai l'intention de vous commander sous peu :

—cent lampes halogènes mod. 143 ;
—trois cent paires d'appliques mod. 456 ;
—deux cent lustres mod. Versailles ;
—six cent lampes de chevet junior mod. 567 ;

En raison de la proximité des fêtes de fin d'année, je souhaiterais recevoir ces articles dans les plus brefs délais.

Je vous demande s'il vous est possible de me livrer sous un mois au lieu du délais habituel de deux mois. Je suis prêt à prendre ma charge les frais de transport supplémentaires.

Je vous confirmerai cette commande dès que j'aurai reçu votre accord.

Je vous prie de recevoir, Messieurs, l'expression de mes sentiments distingués.

J.U. KIM

J.U. KIM
서울시 서초구 방배동 231-11

뤼미텔 (주)
또 공단
13270 포/메르

19 . . 년, 9월 19일, 서울에서

곧 다음의 물품을 주문하려고 합니다.
- 모델 번호 143, 할로겐 램프 100개

- 모델 번호 456, 등잔받이 300쌍
- 모델 베르사이유, 샹들리에 200개
- 모델 번호 567, 주니어 머리맡 전등 600개

　연말 축제 기간이 다가오니 이 물품들을 가장 빠른 기한 내에 받고 싶습니다. 일상 두달의 인도 조건 대신에 한달의 인도 조건으로 해주실 수 있는지요? 추가로 드는 운송 비용은 제가 낼 용의가 있습니다.
　당신의 동의서를 받는 즉시 주문을 확약하겠습니다.
　저의 각별한 심정의 표현을 받아주시기 바랍니다.

7.6 주문 편지에 대한 답장

J.U. KIM
231-11, Bangbaedong, Sochoku,
Séoul, Corée du sud

N. réf. : JL / AN / 12　　　　　　Sport et plein air
Objet : votre commande du 5 mars　Centre commercial
　　　　　　　　　　　　　　　　　des Santons
　　　　　　　　　　　　　　　　　06810 Auribeau /
　　　　　　　　　　　　　　　　　Siagne

　　　　　　　　　Séoul, le 12 mars, 19 . .

Madame,

　Nous accusons réception de votre commande du 5 mars courant. Nous sommes ravis d'entrer en relations commerciales avec vous. Nous pouvons vous confirmer dès présent que les ;

—quatre cent vélos avec accessoires, réf. XR25,
—cinq cent poupées, réf. NP34

ont été expédiés ce jour par le Sernam selon vos instructions.

Nous vous informons que nos prix sont toujours donnés T.T.C. et livrés franco de port et d'emballage. Tous nos articles sont garantis un an contre tout vice de fabrication. Quant au réglement, il peut se faire soit à trente jours fin de mois de réception ou dans les dix jours suivant la réception avec un escompte de 1,5%.

Nous nous tenons à votre entière disposition pour de plus amples renseignements.

Veuillez agréer, Madame, l'expression de nos sentiments dévoués.

J.U. KIM

J.U. KIM
서울시 서초구 방배동 231-11

참조 번호 : JL / AN / 12   스포츠 상점
안건 : 3월 5일자 당신의 주문서   상통의 상트르 꼬메르시알
06810 오리보/시아뉴

19 . . 년, 3월 12일, 서울에서

이번 달 3월 5일자 당신의 주문서를 잘 받았습니다. 당신과 거래를 틀 수 있어 대단히 기쁩니다.

—참조 번호 XR25, 부속품과 함께 자전거 400개
—참조 번호 NP34, 인형 500개

를 당신께서 지시하신 대로 세르남을 통해 오늘 날짜로 당신에게 보내드렸습니다.

우리의 가격은 언제나 모든 세금이 포함된 것이며 항구 인도와 포장이 되어 있음을 알려드립니다.

우리의 모든 물품은 생산상의 결함에 대해 1년간 보증됩니다. 대금 지불에 관해서는 물품 인도 달 마지막 날로부터 30일 이내 하시든가, 또는 물품 인도후 10일 이내에 계산시는 1.5%의 할인 혜택을 드립니다.

더 필요한 사항이 있으시면 언제든지 문의해 주십시오.

저희들의 헌신적인 심정의 표현을 받아주시기 바랍니다.

7.7 주문에 따른 이의 신청

Monsieur le Directeur,

Nous avons commandé le 10 octobre dernier par l'intermédiaire de votre représentant M. C.Martelli :

　　　　—100 boîtes de 259 g de marrons glacés

　　　　—50 boîtes de 500 g de chocolats à la crème

　　　　—100 boîtes de 500 g de chocolats assortis.

Ces articles, selon les accords avec M.Martelli, devaient nous parvenir avant le 20 novembre. Nous sommes déjà le 25 novembre et nous n'avons rien reçu.

Vous pouvez imaginer combien un tel retard peut nous être préjudiciable en cette période de fête.

Si le 5 décembre, dernier délai, nous n'étions pas en

possession de la marchandise, nous nous trouverons dans l'obligation de mettre en cause votre responsabilité et de vous réclamer un dédommagement.

Dans cette attente, recevez, Monsieur, l'expression de nos sentiments distingués.

사장님,

지난 10월 5일 당신의 지사장 마르텔리씨를 통해 다음 물품들을 주문하였습니다.

- 냉장된 밤 259그램짜리 100상자
- 크림 초콜렛 500그램짜리 50상자
- 여러 재료가 섞인 초콜렛 500그램짜리 100상자

마르텔리씨와의 협의에 의하면 이 물품들이 11월 20일 이전에는 도착이 되어야만 합니다. 그런데 벌써 11월 25일인데도 아무 것도 받지 못했습니다.

지금 연말을 맞이하여 그러한 지체가 우리에게 얼마나 손해를 끼칠지 상상하실 수 없을 겁니다.

마지막 유예인 12월 5일까지 이 물품들을 받지 못하면 당신이 책임을 물을 수 밖에 없으며 당신에게 손해 배상을 청구하겠습니다.

당신의 답장을 기다리며 우리의 각별한 심정의 표현을 받아주시기 바랍니다.

7.8 사려고 하는 가정용 기구에 대한 정보 요국 :
Demande de renseignements pour un appareil ménager qu'on pense acheter

Monsieur,

Ayant décidé d'acheter prochainement une machine à laver, j'hésite actuellement entre deux modèles Philips : le modèle 《Inclimatic》 et le modèle 《Inclimatic luxe》.

Je constate que leurs prix sont sensiblement identiques, de même que leurs caractéristiques de base, et je ne comprends pas bien quels sont leurs avantages respectifs, ou leurs différences.

Auriez-vous l'obligeance de me renseigner sur ce point? Je précise que je n'attache pas une importance particulière au coût de l'article en question, mais que je voudrais seulement savoir quels sont exactement les services que peuvent me rendre l'un et l'autre modèle.

Avec mes remerciements, je vous prie de croire, Monsieur, à l'assurance de mes sentiments distingués.

다음 번에 세탁기를 사려고 결심하고 나서 지금 두 개의 필립스 모델을 놓고 망설이고 있습니다 : 하나는 <<Inclimatic>>이고 다른 하나는 <<Inclimatic luxe>> 모델입니다.

이 두 모델의 기본적인 특성과 가격은 거의 비슷하더군요. 그런데 이 모델들의 각각의 특색은 무엇이고 차이는 무엇인지 알 수가 없습니다.

이 점에 대해서 저에게 정보를 주실 수 있습니까? 문제가 되는 물품의 사용 비용에 대해서는 커다란 가치를 두고 있지 않습니다. 그렇지만 각각의 모델이 나에게 줄 수 있는 잇점들이 정확하게 무엇인지 알고 싶습니다.

감사드리며 저의 각별한 심정을 믿어주시기 바랍니다.

7.9 카탈로그에서 선택한 물품을 주문하기 :
Pour commander un article choisi sur catalogue

Monsieur,

Auriez-vous l'obligeance de me faire parvenir, dans les meilleurs délais, l'article N291 de votre catalogue?

Vous trouverez ci-joint un chèque de 3000 francs représentant le montant de ma commande, frais de port compris.

Veuillez agréer, Monsieur, mes sincères salutations.

당신의 카탈로그에 나타난 N291 물품을 가능한 한 빠른 시일 내에 저에게 보내주시겠습니까?

여기 3000프랑짜리 수표를 동봉합니다. 이 금액은 선박 비용까지 포함해서 주문한 물품의 대금입니다.

저의 진지한 인사를 받아주시기 바랍니다.

7.10 이미 지불한 청구서에 대한 이의 제기 :
Réclamation pour une facture déjà payée

Monsieur,

Votre lettre du 27 mars, que je reçois aujourd'hui, me réclame le règlement de votre facture no 5538, en date du 10 février, dont le montant s'élevait à 3 055 francs.

Or je vous ai envoyé le 15 février, en règlement de cette même facture, un chèque de 3 055 francs (chèque no 0958 2231, tiré sur la banque CHO-HUNG de Séoul, Agence X).

Veuillez avoir l'obligeance de me faire savoir si ce chèque vous est enfin parvenu. Si d'ici quinze jours vous n'avez toujours rien reçu, je vous adresserai un second chèque pour solde de tout compte, en faisant le nécessaire auprès de ma banque pour que le premier soit annulé.

Je vous prie de croire, Monsieur, à l'assurance de mes sentiments distingués.

당신께서 3월 27일에 보낸 편지를 제가 오늘 받았는데 그 편지에서 당신은 2월 10일자의 청구서 번호 5538을 지불하라고 요구하셨더군요. 그 금액은 3055프랑이고요.

그런데 저는 똑같은 청구서의 계산으로 2월 15일에 3055프랑짜리 수표를 보냈습니다. (서울 조흥은행 X 지점에서 발행한 수표 번호 0958 2231입니다.)

이 수표가 당신에게 옳게 도달하였는지 저에게 알려 주시겠습니까? 앞으로 2주 안에 당신께서 아무 것도 받지 못하신다면, 모든 계산의 미불금으로 새로운 수표를 보내 드리겠습니다. 그리고 첫 번째 발행한 수표는 무효화시키기 위해 저의 거래 은행에 필요한 조치를 취하겠습니다.

저의 각별한 심정을 믿어주시기 바랍니다.

7.11 택배 요구 : Demande de livraison à domicile

Monsieur,

J'ai passé une commande de . . . . . (주문한 물품명 기재) à votre magasin (société).

N'ayant pas de véhicule à ma disposition actuellement, je vous serais reconnaissant de bien vouloir livrer, à mes frais, cette marchandise à mon domicile (à l'adresse indiquée ci-dessous).

. . . . .

Dans cette attente, je vous prie de recevoir, Monsieur, mes salutations distinguées.

본인은 당신의 상점(회사)에서 물품 . . .을 주문하였습니다.

현재 저는 자동차를 갖고 있지 않기 때문에 그 물품을 저의 비용으로 저의 집(위에 적은 주소)으로 배달해 주시면 감사하겠습니다.

답장을 기다리며, 저의 각별한 인사를 받아주시기 바랍니다.

7.12 배달 독촉 : Mise en demeure de livraison

Monsieur,

Je vous ai passé commande de . . . (주문한 물품과 주문서를 기록함) en date du . . . 19 . .

Le bon de commande prévoyait que la livraison devait être effectuée le . . . 19 . . (dans un délai de . . . jours, semaines, mois) et ce délai est largement dépassé.

Je vous mets donc en demeure de respecter vos engagements et de livrer le (. . .) avant le . . . 19 . ., ou de me restituer la somme de . . . francs que je vous ai versée.

A défaut de réponse ou de livraison dans ce délai, je me verrai dans l'obligation de saisir le tribunal d'instance pour obtenir la résolution du contrat en application de l'article 1610 du Code civil ainsi que la restitution du double des arrhes versées —comme le prévoyait l'article 1590 du même Code —et des dommages et intérêts.

Dans l'attente de vous lire ou de recevoir ma commande, je vous prie, Monsieur, d'agréer mes salutations distinguées.

본인은 . . 년 . . 월 . . 일에 물품 . . . 을 주문하였습니다..
　주문서에 보면 배달이 . . 년 . . 월 . . 일(. . 일, 주, 달의 기한 내)에 이루어진다고 되어 있습니다. 그런데 이 기한이 훨씬 지났습니다.
　당신께서 하신 약속을 지키고 물품을 . . 년 . . 월 . . 일까지 배달해

주실 것을 촉구합니다. 그렇지 않으면 당신께 지불한 . . 프랑을 되돌려 주시기 바랍니다.

이 기한 내에 답변이 없든가 배달이 이루어지지 않을 경우에는 지방법원에 호소하여 민법 . .조의 적용에 의한 계약의 해결을 받아낼 수밖에 없을 것입니다. 이 경우에는 동 민법 . .항에 의해 선지급금의 두배 변상과 손해배상금 및 이자를 요구할 수밖에 없습니다.

당신의 답장이나 저의 주문 물품을 받기를 기대하며, 저의 각별한 인사를 받아주시기 바랍니다.

7.13 계약서나 송장에 제시된 보증의 적용 요구 :
Demande d'application de la garantie prévue au contrat ou sur la facture

Monsieur,

J'ai acheté dans votre magasin le . . . 19 . . un appareil électrique qui présente quelques anomalies de fonctionnement telles que (décrire les défauts constatés).

Cela fait donc moins d'un an (ou six mois) que j'ai acheté cet objet et, d'après le contrat (la facture), le délai de garantie n'est pas encore expiré.

Dans cette attente, je vous prie de recevoir, Monsieur, mes salutations distinguées.

본인은 당신의 상점에서 . .년 . .월 . .일 전기 기계를 샀는데 그 기계가 (   )와 같은 작동상의 이상을 보이고 있습니다.

본인이 이 기계를 산지 일년 (6개월)도 안되었으며 계약서 (송장)에

의하면 보증 기간이 아직 끝나지 않았습니다.

당신의 답장을 기다리며, 저의 각별한 인사를 받아주시기 바랍니다.

7.14 보증에 의한 물품의 교환 요구:

Demande d'échange d'une marchandise dans le cadre de la garantie

Monsieur,

J'ai acheté dans votre magasin, le . . . 19 . . , un appareil électrique qui ne fonctionne pas bien. Il émet un sifflement anormal au moment de fonctionnement et s'arrête de lui-même. Malgré plusieurs tentatives de réparation par votre service après-vente, l'appareil ne fonctionne pas normalement.

Cela fait moins d'un an que j'ai acheté cet objet et, d'après le contrat, le délai de garantie n'est pas expiré.

Je vous demande de bien vouloir l'échanger contre un appareil d'une autre marque (me rembourser), sous quinzaine de jours, dans le cadre de la garantie contre les vices cachés qui, je me permets de vous le rappeler, est réglementé par l'article 1641 du Code civil.

Je vous informe que j'adresse un double de cette lettre à la Direction Départementale de la Concurrence, de la Consommation et Répression des Fraudes, ainsi qu'au Centre Technique Régional de la Consommation.

Dans cette attente, je vous prie de recevoir, Monsieur,

mes salutations distinguées.

본인은 당신의 상점에서 ..년 ..월 ..일 전기 기계를 샀는데 이 기계가 잘 작동하지 않습니다. 작동 중 이상한 날카로운 소리가 나며 저절로 멈추어 섭니다. 애프터 서비스에 의한 여러번의 수리에도 불구하고 이 기계는 정상적으로 작동하지 않고 있습니다.

본인이 이 기계를 구입한지 일년이 안되며, 계약에 의하면 보증 기간이 만료되지 않았습니다.

본인은 이 기계를 2주내로 상표가 다른 기계(돈으로 변상해 줄 것)로 교환해 주셨으면 합니다. 이것은 민법 ..항에 규정되어 있는 숨겨져 있는 결점에 대한 보장 차원임을 상기시켜 드리는 바입니다.

본인은 이 편지의 복사본을 區의 경쟁과 소비 및 부정 적발과와 지역 소비 기술 센터에 보냈음을 알려드립니다.

당신의 답장을 기다리며, 저의 각별한 인사를 받아주시기 바랍니다.

7.15 직업 책임상의 보험 요구 :

Demande d'application de l'assurance en responsabilité professionnelle

Monsieur,

Vous avez procédé au déménagement de mon mobilier le . . . 19 . . de Tours à Paris. J'ai émis des réserves au moment de signer le bon de livraison et j'ai eu raison : la porte vitrée de ma bibliothèque (le pied de mon fauteuil, de mon armoire) est brisé(fêlé, rayé).

Vous trouverez ci-joint un devis de réparation (d'échange de la pièce abîmée) établi par le commerçant qui m'a vendu ce meuble.

Je vous demande donc de faire jouer votre assurance professionnelle et de m'indemniser.

Dans cette attente, je vous prie de recevoir, Monsieur, mes salutations distinguées.

당신께서는 . .년 . .월 . .일 뚜르에서 빠리로 저의 가구를 옮기셨습니다. 본인은 배달서에 서명할 당시 유예를 두었고 그렇게 한 것이 잘한 일이었습니다. 내 책장의 유리로 된 문(내 안락의자의 다리, 가구의 다리)이 깨져(금이 가고 줄이 그어져) 있습니다.

이 가구를 저에게 판매한 상인에 의해 작성된 수리 견적서(상한 물건의 교환)를 동봉합니다.

그러니 당신의 직업상 보험을 가동하시어 저에게 변상해 주실 것을 요구합니다.

당신의 답장을 기다리며, 저의 각별한 인사를 받아주시기 바랍니다.

7.16 강매에 항의하는 편지 :

Contestation d'une vente par envois forcés

Monsieur,

Vous m'avez envoyé un livre (ou une machine électrique, etc), alors que je ne vous avais rien commandé.

Je le tiens à votre disposition à mon domicile et j'ai l'intention de consacrer mon temps libre à d'autres activités que celle d'aller dans une file d'attente de la poste pour vous le réexpédier.

Depuis cet envoi, vous m'adressez régulièrement des lettres de rappel pour la somme de (   ) francs qui parfois augmente, parfois diminue.

Je me permets de vous rappeler que l'article R.40-12 du Code pénal interdit la vente par envois forcés.

Aussi, à la réception de votre prochaine lettre de rappel, j'adresserai l'ensemble de votre correspondance au Procureur de la République afin qu'il décide de la suite à donner à cette affaire.

Recevez, Monsieur, mes salutations distinguées.

본인은 아무 것도 주문하지 않았는데 당신께서는 저에게 책(또는 전기 기계 등)을 보내 주셨습니다. 그 책은 저의 집에서 당신의 처분을 기다리고 있습니다. 본인은 한가한 때에 다른 활동을 하지 당신에게 그 책을 되돌려주려고 우체국에서 줄을 서서 기다리지는 않겠습니다.

이 책을 보내시고 나서 당신은 저에게 때로는 오른 금액으로 하고 때로는 내린 금액이기도 하지만 (   ) 프랑의 돈을 보내라고 주기적으로 편지를 보내고 있습니다.

형법 . .조에 의하면 강매에 의한 판매를 금하고 있음을 상기시켜드립니다.

당신께서 보내는 다음 편지를 받게 되면 본인은 그 동안의 모든 편지를 검사에게 제시하여 그로 하여금 이 사건의 해결을 맡아달라고 할 것입니다.

저의 각별한 인사를 받아주십시오.

7.17 공증인의 사례금과 비용에 대한 증빙 요구 :
Demande de justification des honoraires et frais d'un notaire

Maître,

Je viens de recevoir votre note de frais d'un montant de (   ) francs pour la rédaction de l'acte d'achat de 100 bouteilles de vin Bordeaux.

Conformément à la loi, je vous prie de bien vouloir m'adresser un décompte détaillé de ces frais ainsi que l'indication des motifs justificatifs de chaque acte ou copie.

Dans cette attente, je vous prie de recevoir, Maître, mes salutations distinguées.

보르도 포도주 100병을 구입한 것에 대한 문서 작성건으로(   ) 프랑의 비용 계산서를 받아보았습니다. 법률에 합당하게 본인은 이 비용의 상세 명세서와 각 건에 대한 증빙할 만한 사유서나 복사본을 저에게 보내주실 것을 요구합니다.

당신의 답장을 기다리며, 저의 각별한 인사를 받아주시기 바랍니다.

7.18 공증인의 청구서에 나타나는 몇가지 비용에 대한 해명 요구 : Demande d'explication de certains frais figurant sur la facture d'un notaire

Maître,

Je viens de recevoir votre état de frais à la suite de ma demande en date du . . . 19 . . et vous en remercie.

Après vérification, il s'avère que les frais relatifs à . . .sont injustifiés.

En conséquence et en vertu des articles 1131 et 1133 du Code civil, je vous demande de bien vouloir me rembourser la somme de... francs dans un délai de quinze jours.

A défaut de réponse de votre part, je me verrai obligé de porter l'affaire devant la Chambre Départementale des Notaires de Paris.

Dans cette attente, je vous prie de recevoir, Maître, mes salutations distinguées.

. .년 . .월 . .일 본인이 요청한 것에 대한 당신의 비용 명세서를 받아보았습니다. 보내주신 것에 대해 감사드립니다.

점검을 해보니 . . .에 관련되는 비용은 정당하지 않은 것으로 판명됩니다.

그러니 민법 . .조에 근거하여 2주내로 . . 프랑의 돈을 저에게 돌려주실 것을 요구합니다.

당신으로부터 답장을 받지 못할 경우에 본인은 이 문제를 빠리시 區 공증 협회에 제소할 수밖에없습니다.

당신의 답장을 기다리며, 저의 각별한 인사를 받아주시기 바랍니다.

7.19 광고물 발송 목록에서 이름 제거 요구 : Demande de résiliation des listes d'envois publicitaires

Monsieur,

Je viens de recevoir un catalogue (une offre d'abonnement) de la part de votre société alors que je ne vous ai rien demandé. Ce n'est pas la première fois.

Je tiens à vous informer que vos produits (marchandises, publications) ne m'intéressent pas, aussi, je vous demande de radier mon nom de vos listes de clients potentiels et de cesser de m'adresser vos propositions.

Recevez, Monsieur, mes salutations distinguées.

본인은 아무 부탁도 하지 않았는데 당신의 회사로부터 카탈로그(예약 신청서)를 받았습니다. 이러한 일이 처음 발생한 것이 아닙니다. 당신 회사 제품(상품, 출판물)이 저에게는 관심이 없음을 알려드리면서, 당신이 작성한 잠재 고객 명단에서 저의 이름을 지워주시기를 부탁드립니다. 그리고 더 이상 저에게 당신의 제안서를 보내지 말아 주십시오.

저의 각별한 인사를 받아 주십시오.

8 이의 제기나 항의 편지

8.1 체신부에 이의 신청 :
Lettre de réclamation aux P. et T.

Monsieur le Directeur,

Une lettre datée du 15 juin, portant la mention 《Urgent》, ne m'a été livrée que le 20 du même mois. Vous trouverez ci-joint l'enveloppe qui vous permettra de constater que l'envoyeur avait commis une légère erreur en écrivant 4, rue X, au lieu de 14.

Mais j'estime qu' à six maisons près, du même côté de la rue, il est inadmissible qu'une lettre par exprès mette quatre jours de plus qu'une lettre ordinaire pour atteindre son destinataire.

Je vous signale par ailleurs qu'il s'agissait d'une invitation dont je n'ai pu profiter, ce qui me cause un préjudice.

Je vous prie de bien vouloir examiner la question et donner à cette affaire la suite qu'elle comporte.

Veuillez agréer, Monsieur le Directeur, l'assurance de ma considération distinguée.

과장님

《지급》이라고 적힌 6월 15일자 편지가 같은 달 20일에야 저에게 도착했습니다. 여기 편지 봉투를 동봉하니 과장님께서 직접 확인하실 수 있을 것입니다. 발신자가 X 도로 14번지로 써야 하는데 4번지로 쓴 작은 실수는 있었습니다. 그렇다하더라도 도로의 같은 쪽에 6집 차이로 있는데 빠른 우편의 편지가 보통 우편의 편지보다 5일이나 늦게 수신자에게 도착한다는 것은 용납할 수 없는 일입니다. 게다가 그 편지는 초청장이었는데 저는 그 초청을 이용하지 못해 손해를 입었습니다. 그 문제를 조사해 주시기 바라며 어떤 일이 벌어진 것인지 연유를 알려주시기 바랍니다.

저의 각별한 고려를 받아주시기 바랍니다.

8.2 밤 늦게까지 소음을 내는 이웃 사람에게 쓰는 편지

Monsieur,

Nous sommes tous deux colocataires de l'immeuble du 12 de la rue Gambetta, où j'occupe l'appartement qui se trouve juste au-dessous du vôtre ; et je voudrais vous demander, très officieusement, s'il vous serait possible de faire un peu moins de bruit le soir.

Mon travail m'oblige à me lever très tôt, et si je veux me retrouver relativement en forme six heures et demie du matin, il m'est impossible de me coucher tard. J'ai cru comprendre que votre rythme de vie n'avait rien à voir avec le mien, ce qui me paraît bien légitime ; mais auriez-vous l'obligeance de mettre une sourdine à votre radio ou à vos conversations à partir de dix heures du soir pour permettre à ceux qui sont victimes, comme nous, de la mauvaise construction de notre immeuble de jouir d'un repos, sinon mérité, du moins indispensable?

En vous remerciant à l'avance de votre compréhension,

je vous prie de croire, Monsieur, à mes sentiments d'amical colocataire.

　우리는 똑같이 갑베타 도로 12번지의 건물에 세들어 사는 사람들입니다. 거기서 저는 당신의 아파트 바로 아래 층에서 살고 있습니다. 저녁에 소음을 좀 덜 낼 수 있는지 저는 아주 호의적으로 당신에게 묻습니다.

　저는 직업상 아침에 일찍 일어나야 됩니다. 아침 6시 반에 어느 정도 쾌적하게 일어나고 싶은데 저녁 늦게 잠을 잘 수가 없습니다. 당신의 생활 리듬은 저의 생활 리듬과 전혀 같지 않다는 것을 이해하는 바이고 그것은 당연한 것이라고 생각됩니다. 그렇지만 저녁 10시 이후에는 라디오나 대화에 소음 장치를 하실 수가 없겠습니까? 건물이 잘못 지어져서 우리와 마찬가지로 피해를 당하고 있는 이웃들이 당연히 받을 휴식, 또는 적어도 필수적인 휴식을 취할 수 있도록 말입니다.

　당신이 이해해 주실 것을 미리 감사드리며, 같은 셋집에 살고 있는 사람의 우정어린 심정을 믿어주시기 바랍니다.

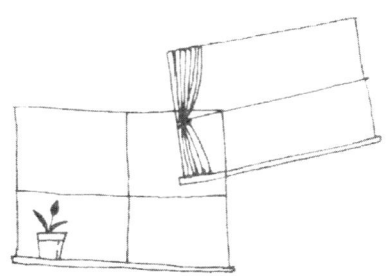

8.3 약속을 못지킨 경우 사과 편지 : Les lettres d'excuses après une entrevue manquée

Cher Monsieur,

Je m'excuse infiniment de n'avoir pu me rendre chez vous hier soir, comme nous en étions convenus, ayant été terrassé par une grippe qui m'a donné un gros accès de fièvre à tel point que je n'ai même pas songé décrocher le téléphone.

Je vous prie de me pardonner ce manque de parole involontaire. Dès que je me sentirai mieux, je me permettrai de vous appeler pour vous demander un autre rendez-vous.

Veuillez croire, cher Monsieur, à mon souvenir le plus sympathique et encore à tous mes regrets.

우리가 합의한 바와 같이 어제 저녁에 당신의 집에 가지 못한 것에 대해 무한히 죄송합니다. 저는 감기에 걸려서 열이 대단히 많이 났으며 심지어 전화기를 들 생각조차도 못할 정도였습니다. 고의가 아니게 약속을 지키지 못한 것에 대해 용서해 주시기 바랍니다. 약간 나아지면 곧 다시 다음 약속을 위해 전화를 걸겠습니다.

저의 가장 호의적인 추억과 저의 크게 뉘우침을 믿어주시기 바랍니다.

훈장을 받든가 또는 영예로운 수상을 하였을 때 쓰는 편지 Distinctions honorifiques

9.1 훈장을 받았을 때 : Pour une décoration

Cher Monsieur,

Permettez-moi de me réjouir avec vos amis pour cette nouvelle distinction qui vient récompenser vos mérites. Recevez, cher Monsieur, toutes mes félicitations et ma respectueuse considération.

당신의 업적을 옳게 평가해주는 이 새로운 훈장에 대해서 당신의 친구들과 함께 저도 기쁨을 같이 합니다. 저의 모든 축하와 존경해하는 마음을 받아주십시오.

9.2 레지옹도네르 훈장을 받았을 때 :
Pour une Légion d'honneur

Cher ami,

Cette croix a vraiment de la chance! Elle ne pouvait être mieux placée que sur votre poitrine et n'a que trop attendu pour s'y épingler.

Je vous envoie mes félicitations les plus sincères et les plus affectueuses.

친구여,

이 훈장은 정말로 운이 좋군. 당신의 가슴보다 더 좋은 위치에 놓일 수가 없었으니까. 그리고 당신의 가슴에 달리기 위해서 너무 오래 기다렸어.

나의 가장 진지하고 애정이 깃든 축하의 말을 너에게 보낸다.

9.3 훈장을 받은 스승에게

Mon cher Maître,

J'apprends que vous venez d'être promu au grade de Commandeur de la Légion d'honneur et je veux vous dire sans tarder combien je suis heureux de cette nouvelle.

Personne, plus que vous, ne méritait cette juste récompense à vos passionnants travaux sur la linguistique.

Veuillez croire, mon cher Maître, à mon souvenir le plus admiratif et le plus déférent.

선생님

선생님께서 레지옹도뇌르 훈장을 받으셨다는 소식을 들었습니다. 이 소식을 듣고 제가 얼마나 기뻤는지 선생님께 곧바로 말하고 싶었어요. 언어학 분야에서 세운 혁혁한 업적에 대해 당신 말고는 아무도 이러한 보상을 받을 자격이 없습니다.

저의 가장 감탄해하고 정중한 추억을 믿어주시기 바랍니다.

9.4 진급한 친구에게 축하 :
A un ami pour un avancement

Cher ami,

Vous n'avez pas idée du plaisir que me cause votre avancement. Il y a si longtemps que vous vous dévouez à cette carrière à laquelle vous avez donné tant de preuves de compétence, qu'il est vraiment juste que vous soyez enfin récompensé.

Encore bravo et toutes mes amitiés.

친구여,

네가 진급한 것에 대해 내가 얼마나 기뻐하는지 추측하지 못할거야. 이 분야에 헌신한 것이 벌써 오래되었고, 너는 충분한 능력이 있음을 보여주었지. 네가 보상을 받는 것은 정말로 당연한 일이야.

다시 한 번 축하하고 나의 모든 우정을 너에게 보낸다.

감사 및 축하의 편지 Remerciements

10.1 은사님께 취직했다고 알리는 편지 :
Lettre à un ancien professeur pour lui annoncer une réussite

Cher Monsieur,

J'ai enfin trouvé un poste de professeur à l'université W et ai pensé aussitôt à la reconnaissance que je vous dois. Grâce à vous, j'ai compris la joie et la satisfaction d'avoir un poste. Le résultat que j'ai obtenu est, en grande partie, votre oeuvre. Je voulais vous le dire, cher Monsieur, en vous remerciant de cette bienfaisante influence que vous avez eue sur ma vie et dont je vous resterai toujours reconnaissant.

선생님

제가 W 대학에 교수 자리를 잡았습니다. 그리고 곧장 선생님께 감사해야한다는 생각이 들었습니다. 선생님의 은혜로 직장을 갖게된 즐거움과 만족감을 이해하게 되었습니다. 제가 얻은 이 결과는 상당 부분 선생님의 노고 덕분이라고 말씀드리고 싶었습니다.

선생님께서 저의 인생에 끼친 호의적인 영향력에 감사드리며 이것을 언제나 은혜로 간직하고 있겠습니다.

10.2 저자에게 축하하는 편지 : Félicitation à un auteur

Cher Monsieur,

Merci beaucoup de m'avoir envoyé votre livre.

J'ai un peu tardé à vous répondre, car je voulais l'achever afin de vous dire ce que j'en pensais.

(L) me paraît être un de vos meilleurs ouvrages, solide, constructif, votre style s'y montre alerte comme votre esprit. En un mot cette lecture m'a enchanté.

Avec toutes mes félicitations, je vous prie de croire, cher Monsieur, à mon bien amical souvenir.

당신의 책을 나에게 보내주심에 감사드립니다.

답장이 약간 늦어졌습니다만 그 책을 다 읽고 느낀 바를 당신에게 말해 주고 싶었기 때문입니다. 책 (L)은 당신의 가장 좋은 작품 중의 하나이며, 꽉 짜여있고 건설적이었습니다. 그 책 속에는 당신의 문체가 당신의 마음가짐처럼 민활함을 보여주고 있습니다. 간단히 말해 이 책을 읽는 것이 대단히 즐거웠습니다.

제가 보내는 모든 찬사와 함께 저의 우정어린 추억을 믿어주시기 바랍니다.

10.3 선물에 대한 감사 :
Lettre pour remercier d'un cadeau

Chère Madame,

Quel joli choix vous avez fait en pensant à moi et combien il m'est agréable de posséder ce ravissant objet (선물 내용을 구체적으로 명기). Je désirais depuis longtemps ce (선물 내용). Je n'aurais jamais espéré être autant gâtée.

Encore une fois merci, chère Madame, et recevez l'expression de mes sentiments reconnaissants et les plus respectueux.

부인,

저를 생각해 주시고 너무나 좋은 선택을 하셨어요. 이 매혹적인 물건을 갖게 된 것이 얼마나 기분 좋은지 몰라요. 저는 오래전부터 이것을 갖고 싶어했어요. 이렇게 좋은 선물을 받고 기뻐하리라고는 전혀 바라지도 않았어요.

부인, 다시 한 번 감사드립니다. 저의 감사해하고 가장 존경해하는 심정의 표현을 받아주십시오.

10.4 책 선물에 대해 감사하는 편지 : Pour un livre

Chère Madame et amie

J'ai eu aujourd'hui, grâce à vous, un bien beau dimanche. C'est avec une grande joie que je me suis perdue dans votre merveilleux livre illustré. Vous m'avez fait un immense plaisir.

J'espère bien avoir d'ici peu la joie de vous revoir et de vous exprimer ma gratitude. Et je vous prie de trouver ici ma pensée la plus amicalement respectueuse.

친구여,

당신 덕분에 나는 오늘 아주 즐거운 일요일을 맞이하였소. 당신이 주신 사진 자료가 있는 멋진 책속에 나는 빠져드는 커다란 즐거움을 느꼈다오. 당신이 나에게 굉장한 기쁨을 갖다주었소.

가까운 시일 내에 당신을 만나보고 싶소. 그리고 당신에게 고맙다는 말을 표현하고 싶소.

가장 우호적으로 존경하는 나의 생각을 받아주시기 바랍니다.

10.5 베토벤이 J.A.Stoumpff에게 보낸 감사 편지

Très cher ami,

Quel immense plaisir m'a causé l'envoi des oeuvres de Haendel dont vous m'avez fait présent. C'est pour moi un cadeau royal. Ma plume se sent incapable de le décrire...

Quoi que je puisse faire pour vous servir, je le ferai volontiers pour vous...

당신께서 저에게 헨델의 작품들을 선물로 주셔서 얼마나 기쁜지 모르겠습니다. 저에게는 그것이 왕께서 하사하신 선물과 같습니다. 펜으로 어찌 묘사해야 할지 모르겠습니다.

제가 당신에게 할 수 있는 일이라면 당신을 위해 기꺼이 해드리겠습니다.

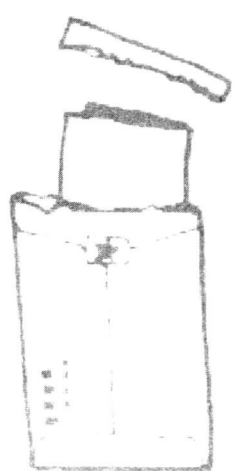

11 주거에 관한 편지 Le logement

민법 1730조에 의거하여 세입자가 입주하기 전에 주인과 함께 집의 상태를 점검(un constat de l'état des lieux)하게 되어 있는데, 입주하고 보니 점검시에 발견하지 못했던 결점들이 있음을 발견할 수 있다. 그렇기 때문에 점검을 할 때 유예(réserves) 사항을 두어 계약하는 것이 그 집을 떠날 때 책임을 지지 않아도 되는 수가 있다. 전세를 놓은 사람은 집주인일 수도 있고 복덕방 또는 HLM 회사일 수도 있지만 세입자에게는 모두 똑같은 권리나 의무를 지게 된다.

11.1 상태 점검과 유예 사항 : L'état des lieux, réserves

Monsieur,

Je viens de prendre possession de l'appartement situé à l'adresse indiquée en tête de cette lettre et j'ai constaté les défauts suivants qui n'étaient pas visibles au moment de l'état des lieux :
 1) La porte de la chambre du fond frotte sur le sol et ferme mal.
 2) Le mur extérieur de la salle de séjour présente des traces d'humidité.
 3) Le lavabo de la salle de bains est mal scellé.
 . . .

Je vous demande donc d'insérer ces remarques dans le

constat d'état des lieux que j'ai signé avec réserves et suis à votre disposition pour vous permettre de venir constater vous-même ces défectuosités.

Dans cette attente, je vous prie de recevoir, Monsieur, mes salutations distinguées.

본인은 이 편지의 상단에 표시된 주소에 위치한 아파트에 막 입주하였습니다. 그런데 입주하고 보니 상태 점검 당시에 눈에 띄지 않은 다음과 같은 결점들을 확인하였습니다.
1) 안쪽 방문이 바닥에 닿고 잘 닫히지 않습니다.
2) 거실 바깥의 벽에 젖어있던 흔적이 있습니다.
3) 욕실의 세면대가 잘 고정되어 있지 않습니다.
제가 유예 사항을 두고 사인한 상태 점검 확인서에 이러한 사항들을 기입해 주실 것을 요구합니다. 그리고 이러한 결점들을 당신이 직접 오셔서 확인하도록 허용하는 바입니다.
당신의 답장을 기다리며, 저의 각별한 인사를 받아주시기를 바랍니다.

11.2 3개월의 임대계약 해지 편지 모델 :

Modèle de lettre pour un congé de trois mois

(전세 계약을 하고 거주하다 사정이 있어 방의 계약을 해지할 경우에는 3개월 이전에 집주인에게 등기 편지로 알려야 한다. 만약 세입자가 전보에 의해 다른 도시로 이사가든가 퇴직을 당한 경우에는 한달 전에 알려도 된다.)

Monsieur,

Par la présente, je vous informe que, titulaire d'un contrat de location (d'un bail) daté du . . . 19 . . pour un appartement situé à. . . . (주소 전부를 씀), ma famille s'agrandit et je dois emménager dans un appartement plus grand. Je suis donc contraint de le résilier et de vous donner congé pour le . . . 19 . ., soit dans trois mois, et ce, en vertu de l'article 15 de la loi no.89-462 du juillet 1989.

Je vous prie d'agréer, Monsieur (Madame), l'assurance de mes sentiments distingués.

본인은 . . . 에 위치한 아파트를 . . 년 . . 월 . . 일자부터 임대 계약하고 있습니다. 그런데 가족이 늘어나서 좀 더 넓은 아파트로 이사해야겠음을 본 편지로 알려드리는 바입니다. 그래서 본인은 계약을 해지하고 3개월 후가 되는 . . 년 . . 월 . . 일자로 방을 내놓겠습니다. 3개월의 예고는 1989년 7월 법안 . . 조에 합당한 것입니다.

저의 확언하는 각별한 심정을 받아주시기 바랍니다.

11.3 집주인에게 영수증 요구 :

Demande de quittance au bailleur (집주인은 세입자에게 월세를 받았다는 증서를 내주도록 되어 있다.)

Monsieur,

Je suis titulaire d'un contrat de location (d'un bail) daté du . . . 19 . . pour un appartement situé à . . . (주소 전부 기재)

Je vous ai adressé le . . . 19 . . un chèque d'une somme de . . . francs représentant le montant de mon loyer.

Cette somme se décompose comme suit :

Loyer principal   . . . francs
Droit de bail   . . . francs
Charges locatives récupérables . . . francs
. . .

Je vous demande, en application de l'article 21 de la loi no. 89-462 du juillet 1989, de m'adresser la quittance ou le reçu correspondant dont je peux avoir besoin pour diverses administrations ou organismes sociaux.

Dans l'attente de vous lire, je vous prie de recevoir, Monsieur, mes salutations distinguées.

본인은 . . 에 위치한 아파트에 대해 . . 년 . . 월 . . 일자부터 세입하고 있는 사람입니다.
본인은 . . 년 . . 월 . . 일자로 집 월세에 해당하는 . . 프랑의 수표를 당신에게 보내드렸습니다. 이 금액은 다음과 같이 구성됩니다 :

월세   프랑
전세권   프랑
회수가능한 임대 부담금   프랑

1989년 7월자 법령 ..조에 근거하여 본인은 월세 영수증이나 수령증을 저에게 보내주실 것을 요구합니다. 그 월세 영수증은 각종 행정상으로나 사회 기관에서 요구할 경우에 필요한 것입니다.

당신의 답장을 기다리며, 저의 각별한 인사를 받아주시기 바랍니다.

11.4 집주인에게 수리 요구 :
Demande de réparation au bailleur

Monsieur,

Je suis titulaire d'un contrat de location (d'un bail) daté du . . . 19 . . pour un appartement situé à . . . (주소 전부 기재)

Au moment de l'établissement de l'état des lieux à mon entrée dans ce logement, vous avez déclaré que la réparation de la porte d'entrée de la salle de séjour (le changement de lavabo, de la baignoire, du sol de la cuisine) serait à votre charge.

Or, à ce jour, vous n'avez pas fait commencer les travaux.

Faute d'un commencement d'exécution dans les quinze

jours, je me verrai dans l'obligation de demander au Tribunal d'Instance d'ordonner une injonction de faire dans le cadre des articles 1425-1 et suivants du Code de procédure civile. Les dépens seront évidemment à votre charge.

Dans cette attente, je vous prie de recevoir, Monsieur, mes salutations distinguées.

본인은 . . 에 위치한 아파트에 대해 . . 년 . . 월 . . 일부터 임대 계약을 하고 있는 사람입니다.
제가 이 주거지에 입주하면서 상태 점검서를 쓸 때 당신께서는 거실 입구 문(세면대, 욕조, 부엌 바닥 교체 등)을 수리하는 비용을 내주겠다고 말씀하셨습니다.
그런데 오늘까지도 당신은 작업을 시작시키지 않았습니다.
2주내로 작업을 개시하지 않을 때에는 본인은 지방법원에 호소하여 민사법 . . 조에 근거하여 법정 명령을 내리도록 요구할 것입니다. 거기에 드는 비용은 물론 당신이 대야 할 것입니다.
답장을 기다리며, 저의 각별한 인사를 받아주시기를 바랍니다.

11.5 보증금 반납 요구 :

Demande de restitution du dépôt de garantie

Monsieur,

Je vous ai donné congé le . . . 19 . . du logement situé à . . . dont vous êtes propriétaire.

A ce jour, vous ne m'avez toujours pas restitué le

montant du dépôt de garantie que je vous avais versé le . . . 19 . . soit à la date de conclusion du bail qui nous liait.

Je vous signale que cette somme produira intérêt au taux légal deux mois après mon départ de l'appartement que vous me louiez tel quel prévoit l'article 22 de la loi no. 89-462 du 6 juillet 1989.

Aussi, afin d'éviter l'application de ces intérêts, je vous demande de me restituer cette somme, déduction faite des éventuels frais en état dont vous voudrez bien me fournir les justificatifs.

Dans l'attente de vous lire, je vous prie de recevoir, Monsieur, mes salutations distinguées.

. . 에 위치한 당신 소유의 주거지에 대해서 본인은 . . 년 . . 월 . . 일자로 임대 계약 해제를 했습니다.

. . 년 . . 월 . . 일, 즉 우리를 연결시켜주는 계약 체결 날짜에 본인이 당신에게 지불한 보증금을 당신은 오늘까지 저에게 돌려주지 않았습니다.

이 금액은 1989년 7월의 법 . . 항에서 예지하듯이 당신의 아파트를 내가 떠난 지 2달부터는 법적인 비율의 이자가 발생한다는 사실을 알려드립니다.

이러한 이자의 적용을 막기 위해 본인은 당신에게 이 금액을 되돌려주실 것을 요구하는 바입니다. 필요 경비는 제하시되 거기에 대한 증빙 자료를 보내주시기 바랍니다.

당신의 답장을 기다리며, 저의 각별한 인사를 받아주시기 바랍니다.

12 학교에 관한 내용 La scolarité

12.1 학교장에게 학교 등록을 요청하는 편지 :
Demande d'inscription dans un établissement scolaire au directeur

Monsieur le Directeur
(Madame la Directrice)

Je vous écris pour vous demander de bien vouloir inscrire mon fils (ma fille), (Z), né(e) le . . . . , lors de la prochaine rentrée scolaire dans votre établissement.

En effet, j'habite depuis peu de temps à l'adresse indiquée en tête de cette lettre et n'étais pas présent(e) dans ce quartier au moment de l'ouverture des inscriptions.

Je vous prie de croire, Monsieur le Directeur (Madame la Directrice), à l'assurance de mes sentiments distingués.

교장선생님
 . . . 에 태어난 저의 아들(딸)(Z)을 다음 학년도 시작에 귀교에 등록시켜 줄 것을 요청하기 위해서 당신에게 편지를 씁니다.
 본인은 이 편지 상단에 적힌 주소에 겨우 며칠 전부터 살고 있기 때문에 등록을 시작하는 때에 이 지역에 없었습니다.
 교장선생님, 저의 확언하는 각별한 심정을 믿어주시기 바랍니다.

12.2 장학금 요구 : Demande de bourse

Monsieur le Directeur
(Madame la Directrice)

Je vous écris pour vous demander de bien vouloir m'adresser ou me transmettre les imprimés de demande de bourse pour mon fils (ma fille), (Z), scolarisé(e) dans votre établissement.

Je n'avais pas, jusqu' à présent, effectué cette demande, mais ma situation financière vient de se modifier : je viens de perdre mon emploi. Je suis en instance sans emploi.

Dans cette attente, je vous prie de croire, Monsieur le Directeur (Madame la Directrice), à l'assurance de mes sentiments distingués.

교장선생님

귀교에서 수학하고 있는 저의 아들(딸)(Z)를 위해 장학금을 신청할 수 있는 서류를 보내주실 것을 부탁드립니다.

저는 지금까지 이런 요구를 한 적이 없었습니다. 그러나 저의 경제적 상황이 바뀌었습니다 : 저는 직장을 잃었고 현재 무직 상태입니다.

당신의 답장을 기다리며, 저의 확언하는 각별한 심정을 믿어주실 것을 바랍니다.

12.3 결석에 대한 사과 편지 :
Mot d'excuse à la suite d'une absence

Monsieur le Directeur
(Madame la Directrice)

Je vous prie d'excuser l'absence de (Z) pendant la journée d'hier (de samedi) : il était légèrement souffrant, mais je n'ai pas jugé nécessaire d'appeler un médecin.

Je vous prie de croire, Monsieur le Directeur (Madame la Directrice), à l'assurance de mes sentiments distingués.

교장선생님
저의 아들(딸)(Z)가 어제(또는 지난 토요일) 결석한 것을 용서해주시기 바랍니다. 그가 약간 아팠는데 의사를 부를 정도는 아니라고 판단했습니다.
교장선생님, 저의 확언하는 각별한 심정을 믿어주시기 바랍니다.

12.4 선생님에게 아이가 아프다고 용서를 구하는 편지 :
Pour excuser un enfant en cas de maladie à un professeur

Monsieur,

Je vous prie de vouloir bien excuser mon fils de ne pas aller au lycée aujourd'hui. Il s'est réveillé ce matin avec une assez forte fièvre et le médecin conseille de le garder quelques jours à la chambre avant de le laisser retourner en classe.

Je regrette beaucoup ce contretemps. J'espère cependant que mon fils pourra recommencer à travailler la semaine prochaine.

Avec mes regrets, veuillez croire, Monsieur, à ma considération distinguée.

선생님,

오늘 저의 아들이 학교에 가지 못함을 용서해주시기 바랍니다. 오늘 아침에 일어나보니 열이 많이 나고 의사가 며칠동안은 집에서 간호를 한 다음에 학교에 보내라고 하더군요.

이런 갑작스런 사고에 대해 유감입니다. 나의 아들이 다음 주에는 학교에 갈 수 있기를 기대합니다.

나의 유감의 표현과 함께 각별한 고려를 믿어주시기 바랍니다.

12.5 학교 숙제를 하지 않은 아이에 대해 용서를 구하는 편지 : **Pour excuser un enfant de n'avoir pas fait ses devoirs**

Monsieur le Directeur,

Mon fils est rentré hier soir du lycée avec la migraine et si fiévreux que j'ai dû appeler le médecin. Il semble mieux ce matin, mais il n'a pas pu faire ses devoirs. Je vous demande de bien vouloir l'excuser.

Croyez, Monsieur le Directeur, à ma considération

distinguée.

교장선생님

나의 아들이 어제 학교에서 돌아오더니 두통이 나고 열이 많이 나더군요. 그래서 의사를 불렀습니다. 오늘 아침에는 약간 나아보이는데 학교 숙제를 할 수 없었습니다. 그를 용서해주시기 바랍니다.

저의 각별한 고려를 믿어주시기 바랍니다.

12.6 벌받은 것에 대한 해명 요구 :

Demande d'explication à la suite d'une puni-tion

Monsieur le Directeur

(Madame la Directrice)

Je vous écris pour vous demander les raisons de la punition que vous avez infligée à mon fils (ma fille), (Z). Il (Elle) a tenté de m'expliquer ce qu'il (elle) a compris, mais cette explication ne m'a pas convaincu du bienfondé de cette mesure de discipline.

Vous le savez sans doute mieux que moi, les enfants ont un sens aigu de la justice et une punition qui paraît injuste, parce que mal comprise, peut avoir des résultats contraire au but recherché.

Dans l'attente de vous lire, je vous prie de recevoir, Monsieur (Madame), mes salutations distinguées.

교장선생님

저의 아들(딸) (Z) 에게 벌을 부과하신 이유가 무엇인지 설명해 주실 것을 요구합니다. 그는 자기가 이해한 바를 저에게 설명하려고 애썼습니다만 그 설명으로는 이러한 벌을 내린 충분한 근거가 되지 않는다는 생각이 듭니다.

저보다 선생님께서 훨씬 잘 아시리라 믿습니다만 아이들은 정당하다는 것에 대해 민감한 감정을 갖고 있습니다. 잘못 이해되어서 정당하지 못해 보이는 벌을 받게 되면 그 결과는 추구했던 목표와는 반대로 유도될 수도 있습니다.

당신의 답장을 기다리면서, 저의 각별한 인사를 받아주시기 바랍니다.

12.7 프랑스에의 유학을 원할 때 :
Pour continuer des études en France

a) 지도교수가 될 분에게 편지

Monsieur le Professeur,

J'ai l'honneur de vous écrire pour vous faire part de mon intention de continuer mes études sous votre direction.

Ayant obtenu le diplôme de licence en lettres modernes en 19 . . à l'Université Nationale de Séoul, je désire poursuivre des études en France dans le domaine de la linguistique. Surtout je m'intéresse beaucoup à la sémantique générale dont vous donnez des cours. J'ai déjà lu plusieurs de vos articles qui m'ont convaincu dans l'analyse argumentative de l'acte de parole.

En vous remerciant à l'avance de votre acceptation, je vous prie d'agréer, Monsieur le Professeur, l'expression de mes sentiments très respectueux.

P.S. Veuillez trouver ci-joint mon curriculum vitae.

교수님,

당신의 지도하에 저의 학업을 계속하고 싶은 의도를 당신에게 알리기 위해 편지를 씁니다.

19..년에 서울대학교에서 문학사를 취득하고 언어학 분야에 관한 공부를 프랑스에서 계속하고 싶습니다. 특히 일반의미론에 관심이 많은데 교수님께서 그 분야의 강의를 하고 계십니다. 교수님께서 쓰신 여러 글들을 읽어보았으며 언행에 관한 논증적 분석에 전적으로 동감합니다.

당신께서 받아주실 것을 미리 감사드리며, 저의 아주 존경해하는 심정의 표현을 받아주시기 바랍니다.

추신 : 동봉한 저의 이력서를 보시기 바랍니다.

b) 대학 당국에 편지

Monsier (Madame),

J'ai l'honneur de vous écrire pour vous faire part de mon intention de continuer mes études en France.

Ayant obtenu le diplôme de licence en lettres modernes en 19 . . à l'Université Nationale de Séoul, je désire poursuivre des études en France dans le domaine de la littérature moderne. Surtout je m'intéresse aux oeuvres de M et à la critique littéraire.

Je vous serais très reconnaissant de bien vouloir me présenter un professeur qui pourrait me diriger.

En vous remerciant de votre bienveillance, je vous prie d'agréer, Monsieur(Madame), l'expression de mes sentiments distingués.

P.S. Veuillez trouver ci-joint mon curriculum vitae et un coupon-réponse.

제가 프랑스에서 학업을 계속할 의도를 당신에게 알리기 위해 편지를 씁니다.

19..년 서울대학교에서 문학사를 취득하고 프랑스에서 현대 문학 분야에 관한 공부를 계속하고 싶습니다. 특히 M의 작품과 문학 비평에 관심이 있습니다.

저를 지도해 줄만한 교수님을 소개해 주시면 대단히 감사하겠습니다.

당신의 호의에 대해 감사드리며, 저의 각별한 심정의 표현을 받아 주시기 바랍니다.

추신 : 동봉한 저의 이력서와 반신용 우표를 보시기 바랍니다.

13 출생에 관한 편지

13.1 광고 : L'annonce

Monsieur et Madame KIM
sont heureux de vous faire part de la naissance
de leur fils Doyoung

18 avril 1998
14 rue Lecourbe
75015 Paris

김씨 부부는 아들 도영이 태어났음을 당신에게 기쁜 마음으로 알려 드립니다.

1998년 4월 18일

13.2 전보 : Télégramme

Monsieur et Madame KIM
adressent à Monsieur et Madame Laborgne
leurs plus vives félicitations et leurs voeux
de bienvenue pour la jeune Brigitte.

18 avril 1998
14 rue Lecourbe
75015 Paris

김씨 부부는 라보른 부부에게 딸 브리짓트가 태어난 것을 열렬히 축하하는 바이며 환영하는 서원을 보냅니다.

또는

Monsieur et Madame KIM,
si heureux d'apprendre l'arrivée de Brigitte,
lui envoie tous leurs voeux
ainsi qu' à sa jolie maman.

25 avril 1998
14 Rue Lecourbe
75015 Paris

김씨 부부는 브리짓트가 태어났다는 것을 알고 대단히 기쁘며 그와 그의 예쁜 엄마에게 모든 서원을 보내는 바입니다.

13.3 아빠가 된 친구에게 축하 :
Félicitations à un ami qui vient d'être père

Mon cher Jean,

Nous avons été ravis, comme vous pouvez le penser, ma femme et moi, d'apprendre la naissance de votre petite Sophie. L'arrivée d'un premier enfant dans un ménage est toujours une aventure merveilleuse. Le mélange de joies et de tourments que nous donnent ces petits êtres est un lien de plus entre les parents et j'espère que votre épouse n'a pas trop souffert en mettant ce bébé au monde. Je souhaite qu'elle se remette très vite.

Ma femme ira d'ailleurs la voir d'ici quelques jours et lui porter tous nos voeux.

En attendant, je vous envoie, mon cher Jean, mon souvenir le plus amical et encore toutes mes félicitations.

쟝에게,

너도 짐작할 수 있듯이 네 딸 소피가 태어났다는 소식을 듣고 나와 내 아내는 대단히 기뻤다. 한 가정에 첫 번째 아이가 태어나는 것은 언제나 신비한 모험과 같은 것이야. 이 어린 존재들이 우리에게 주는 즐거움과 고통이 뒤섞인 것은 부모들 사이에는 그 이상의 어떤 인연이 되는 거야. 아이를 낳으면서 네 처가 너무 힘들지 않았으면 좋겠다. 네 처가 곧 회복되기를 바란다.

내 처가 며칠 안으로 네 처를 보러 갈거야. 그리고 우리의 모든 서원을 전할거야.

그 사이 나의 가장 우정어린 추억을 보내고 다시 한 번 축하한다.

14 조의 편지 Condoléances

간단히 하면

▶ Minsou LEE prie Madame Dupuis de bien vouloir agréer, avec ses sentiments respectueux, ses vives et très sincères condoléances.
(이민수는 존경하는 심정으로 뒤퓌 부인에게 생생하고 매우 진지한 조의를 표합니다.)

▶ Minsou LEE prend une bien grande part à la douleur de Madame Legrand et la prie d'accepter ses respectueuses condoléances.
(이민수는 르그랑 부인의 애통을 같이 느끼며, 심심한 조의를 표합니다.)

▶ Minsou LEE et Yerim MOUN vous prient de recevoir leurs bien sincères condoléances et l'expression de leur douleureuse sympathie.
(이민수와 문예림은 당신에게 진지한 조의와 고통을 동정하는 심정의 표현을 보냅니다.)

14.1-a 상관에게 조의를 표함 :
Condoléances aux supérieurs

Monsieur,

Permettez-moi de vous dire ma respectueuse sympathie dans votre affliction. Je sais combien ce deuil vous atteint et je tiens à ce que vous sachiez toute la part que je prends à votre douleur.

Je n'oublierai pas celui que vous pleurez et vous envoie, Monsieur, l'expression de ma profonde tristesse.

당신의 비통을 존경해하는 마음으로 동정을 표합니다. 금번 상으로 크게 충격을 받으셨을 줄 압니다. 당신의 고통에 저도 전적으로 동참합니다.
당신의 슬픔을 잊지 않겠습니다. 그리고 저의 심심한 애도의 표현을 보냅니다.

14.1-b 조의

Monsieur,

Je veux m'associer à tous ceux qui prennent part à la douleur que vous éprouvez. Veuillez recevoir mes condoléances sincères et profondes et croire, Monsieur, à mes sentiments les plus respectueux.

당신께서 느끼시는 고통에 전적으로 동참하고 싶습니다. 저의 진지하고 심심한 조의를 받으시고 가장 존경해하는 저의 심정을 믿어주시기 바랍니다.

14.1-c 조의

Monsieur,

La douleureuse épreuve qui vous frappe m'émeut très profondément et je veux vous dire la part sincère que je prends à votre chagrin, en vous adressant l'expression de mes condoléances émues et repectueuses.

당신께서 겪으시는 고통이 저에게도 십오하게 와닿습니다. 당신의 슬픔에 저도 진지한 마음을 표합니다. 저의 마음이 움직이는 존경해하는 조의를 표합니다.

14.2 친구에게 조의를 표함 : A un ami

Cher ami,

J'apprends seulement aujourd'hui la terrible nouvelle. C'est trop affreux, trop stupide et tous les mots sonnent creux devant la douleur qui vous poignarde. Il paraît que le temps guérit les plaies, je ne m'en suis pas encore aperçu. C'est sans doute pourquoi aujourd'hui, je me sens si près de vous.

오늘에야 충격적인 소식을 접했다네. 너무 끔찍하고 너무 망연자실해서 네가 맞고 있는 고통 앞에서 무어라 말을 해야 할지 모르겠네. 시간이 흘러야 상처를 치유받으리라 믿네만 나는 아직 그걸 느껴보지 못했어. 오늘 그렇기 때문에 오늘 내가 너와 가까이 있음을 느끼고 있는 것 같네.

14.3 미망인에게 조의를 표함 : A une dame

Chère Madame,

C'est avec une grande peine que je viens d'apprendre la disparition de Monsieur votre poux . . . . C'était une personne de grande valeur et c'est une perte immense pour tous ceux qui la connaissent et l'aimaient.

La dernière fois que je l'ai rencontré, il m'a promis de venir me revoir dans un avenir très proche. (다른 좋은 추억거리를 쓴다.)

Croyez bien que je partage pleinement votre douleur (votre chagrin).

Recevez, chère Madame, l'expression de mes sentiments attristés.

당신의 남편 . . 이 돌아가셨다는 소식을 들으니 대단히 비통합니다. 그 분은 대단한 훌륭한 사람이었으며 그분을 알고 그분을 좋아했던 모든 사람들에게는 막대한 손실입니다.

지난번 제가 그분을 뵈었을 때, 그분은 가까운 장래에 저를 보러 다시 오시겠다고 약속도 하셨습니다.
 저도 당신의 고통을 전적으로 나누어 갖는다는 사실을 믿어주십시오.
 저의 슬퍼하는 심정의 표현을 받아주시기 바랍니다.

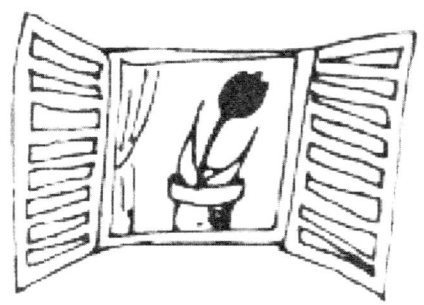

15 연하장 Voeux de fin d'année

15.1 자주 만나지 못하는 사람에게 서원

Monsieur,

C'est avec plaisir que je vous adresse mes voeux les meilleurs pour cette année qui commence.

Qu'elle vous soit douce et prospère pour vous et les vôtres.

Je souhaite que vos projets aboustissent comme vous l'espérez.

J'espère que nous aurons bientôt l'occasion de nous revoir.

Je vous prie de recevoir, cher Monsieur, mes sentiments les plus cordiaux.

시작하는 새해를 위해 제 최상의 기원을 기쁨으로 당신에게 드립니다.

금년이 당신과 당신의 가족에게 온화하고 융성하기를 기원합니다.

당신께서 계획하신 모든 일들이 바라시던 대로 이루어지시길 바랍니다.

가까운 시일 내에 직접 뵈올 기회를 갖기 원합니다.

저의 진심으로 우러나오는 심정을 받아주시기 바랍니다.

15.2 연하장의 여러 양식 :
Différentes formules de voeux de cartes

Que 19 . . vous comble de tous les voeux que je forme pour vous.
. . 년이 제가 당신에게 전하는 모든 서원들로 채워지기를 빕니다.

Que 19 . . se transforme en corne d'abondance et déverse sur vous mille joies de toutes sortes.
. . 년이 풍요의 나팔로 변하고 당신에게 여러가지 종류의 기쁨을 부어주실 것을 빕니다.

Recevez cette gerbe de voeux dont chaque fleur représente un bonheur du plus petit au plus grand.
가장 작은 것에서부터 가장 큰 것까지 꽃잎마다 행복을 나타내는 서원의 꽃봉오리를 받으십시오.

15.3 사장에게 서원 : Voeux à un directeur

Monsieur,

Je m'en voudrais commencer l'année sans vous redire mon attachement et ma reconnaissance pour toutes les bontés que vous avez eues pour moi. Je tâcherai de rester digne de l'estime que vous voulez bien me témoigner et je vous souahite un peu du bonheur que vous répandez autour de vous.

Veuillez croire, Monsieur, à mes sentiments respectueux.

당신께서 저에 대해 베풀어주시는 여러 호의에 대해 감사하고 당신에게 충실하다는 말을 하지 않고는 금년을 시작할 수가 없을 것 같습니다. 당신께서 저를 보시는 평가에 떨어지지 않으려고 노력하겠습니다. 그리고 당신께서 당신 주위의 사람들에게 베푸시는 행복을 저도 당신에게 조금이나마 전합니다.

15.4 과장에게 서원 : Voeux à un directeur

Monsieur,

Je me permets, en cette fin d'année, de vous envoyer l'assurance de mon attachement et de vous dire les voeux que je forme pour votre bonheur et pour celui de votre famille.

Veuillez croire, Monsieur, à ma reconnaissance et à mon attachement fidèle.

한해의 마지막에 당신에 대한 저의 충실함을 전합니다. 그리고 당신과 당신 가족의 행복을 위해 비는 서원을 전합니다.

저의 감사해하는 마음과 저의 충실한 애정을 믿어주시기 바랍니다.

15.5 가족에게 서원 : Voeux à une famille

Monsieur,

Permettez-moi, cher Monsieur, de vous dire au début de cette année nouvelle tous les souhaits et les voeux que je forme pour vous et tous les vôtres. Ce serait une joie pour moi de vous savoir aussi heureux que vous le méritez.

Veuillez me croire, cher Monsieur, votre très fidèlement attaché.

새해의 초에 당신과 당신의 가족에게 저의 모든 서원과 바램을 전합니다. 당신이 의당 그래야하는 만큼 행복하시다면 저에게도 즐거움이 될 겁니다.
제가 당신에게 매우 충실함을 믿어주시기 바랍니다.

15.6 도움을 준 사람에게 서원 :
Voeux à quelqu'un qui vous a rendu service

Cher Monsieur,

Permettez-moi de vous présenter mes voeux les plus sincères pour la nouvelle année, et de vous renouveler, à cette occasion, l'expression de ma profonde gratitude. Je n'ai pas oublié, je n'oublierai pas le service que vous m'avez rendu au mois de juin dernier : sans vous, jamais je n'aurais pu continuer mes études, et je ne saurais assez vous remercier de ce que vous avez fait pour moi.

Puisse 1999 vous être doux et propice, vous apporter mille joies pour vous et les vôtres, et vois réussir tout ce que vous entreprendrez.

Veuillez croire, cher Monsieur, à l'assurance de mes sentiments reconnaissants.

새해를 맞이하여 저의 가장 진지한 서원을 당신에게 바칩니다. 그리고 이번 기회를 이용하여 다시 한 번 저의 심심한 감사의 말을 전합니다. 지난 6월에 저에게 베풀어주신 은혜를 잊지 못하겠습니다. 당신이 아니었다면 저는 학업을 계속할 수가 없었을 겁니다. 당신께서 저에게 해 준 일에 대해 어떻게 감사를 드려야 할 지 모르겠습니다.

1999년은 당신에게 온화하고 순조로운 한 해가 되길 빕니다. 당신과 당신 가족에게 온갖 기쁨이 깃들길 바라고 당신이 하시고자 하는 모든 일들이 잘 되길 기원합니다.

15.7 사랑하지만 만나지 못하는 사람에게 서원하는 편지 :
Voeux à quelqu'un que l'on aime beaucoup et qu'on ne voit jamais

Cher Maurice,

Depuis des mois, je me pose la même question absurde : comment peut-on penser à quelqu'un et ne jamais lui faire signe? Et voici qu'arrive l'époque des voeux de fin d'année, et je suis tout heureuse de ce prétexte qui m'est donné de vous écrire enfin le mot que j'avais l'intention de vous envoyer depuis si longtemps . . .

Bonne année à vous, cher Monsieur et chère Madame votre épouse. Puisse 1999 vous être doux et propice, vous apporter mille satisfactions dans votre travail, mille joies avec votre épouse et les enfants. Nous verrons-nous bientôt? Il ne faut pas trop m'en vouloir de ce si long silence : entre les problèmes de travail et ceux que m'a posés ma santé, l'année ne m'a pas été facile ; mais je n'ai pas cessé de penser à vous, et je souhaiterais pouvoir très vite vous le dire de vive voix. Si vous le voulez bien, je vous téléphone au début de l'année prochaine?

Amicalement à vous.

모리스에게,

몇 달 전부터 나는 어리석은 똑같은 질문을 던진다네. 전혀 소식도 전하지 않으면서 그 사람에 대해 어떻게 생각은 할 수 있을까? 이제 한 해를 마감하면서 서원하는 시기가 도래했네. 이것을 핑계로 해서 내가 오래 전부터 당신에게 전하고자 했던 한마디를 쓸 수 있는 것이 다행이네.

당신과 당신 부인 모두 새해 복 많이 받게. 1999년은 당신과 당신 아내, 당신의 자녀들에게 온화하고 순조롭길 바라고 당신의 일에 여러 가지 만족을 가져다 주길 비네. 가까운 시일 내에 서로 볼 수 있을까? 이렇게 오랫동안 소식 전하지 못한 것에 대해 나를 원망하지 말게. 직장 문제와 나의 건강 문제로 인해 지난 한해는 나에게 힘이 들었네. 그렇지만 당신을 잊어버린 것은 아냐. 곧 만나서 직접 말로 하길 바라네. 당신이 원한다면 다음 해 초에 전화를 걸어줄게.

우정으로.

15.8 서원에 대한 답장 : Réponse à des voeux

　　Vous ne pouvez croire, cher ami, combien j'ai été touché de vos voeux. Veuillez trouver ici les miens les plus sincères et l'expression de ma fidèle affection (ou de mes sentiments bien cordiaux ou de ma plus sincère estime).

　　당신의 서원에 내가 얼마나 감동됐는지 믿을 수 없을 겁니다. 최상의 나의 서원과 충실한 애정의 표현을 전합니다. (또는 아주 진심으로부터 나오는 저의 심정 또는 저의 가장 진실한 평가)

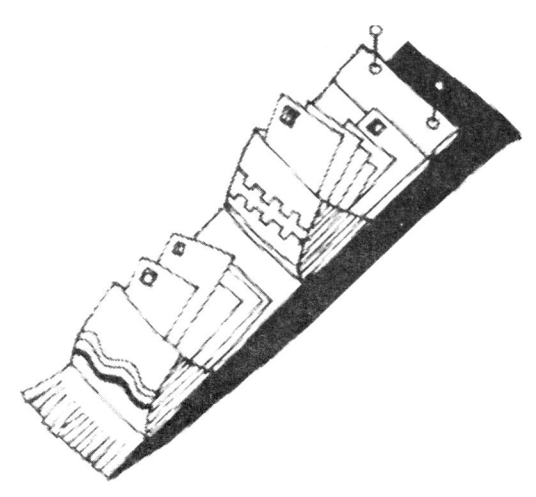

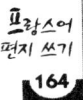 유용한 표현들

다음 표현들을 알아두면 편지 쓰는 데에 유용하게 사용할 수 있습니다.

■ **aborder** 접근하다, 착수하다

aborder un point / un problème / un sujet / une question
한가지 점 / 문제 / 주제 / 질문에 접근하다

Je veux aborder un point particulier.
저는 어떤 특별한 문제에 접근하고 싶습니다.
(어떤 특별한 문제를 진지하게 다루고 싶습니다.)

Nous allons aborder sereinement ce problème.
이 문제를 침착하게 접근합시다.

■ **accéder à** (acquiescer à, agréer, satisfaire à) …에 동의하다
accéder à une demande / aux désirs / aux prières / aux voeux de qqn.
요구에 / 바람에 / 기원에 / 서원에 동의하다

■ **accord** 동의
conclure / négocier / rompre / signer un accord
동의를 이루다 / 협의하다 / 파기하다 / 동의 사항에 서명하다
Nous sommes arrivés à un accord.
우리는 동의하기에 이르렀다.
Nous avons rencontré l'accord de notre directeur.
우리는 사장님의 동의를 얻었다.

■ **acompte** 선불금
donner / verser un acompte   선불금을 주다 / 지불하다
à titre d'acompte   선불금조로
Je vous demande de verser un acompte de mille francs.
나는 당신에게 천프랑의 선불금을 지불하도록 요구합니다.

■ **acquitter** 면제하다, (빚을) 갚다
acquitter(solder) une dette / facture / note / traite / ses impôts
빚 / 계산서 / 고지서 / 어음 / 세금을 갚다
Il a acquitté ses impôts avant l'échéance.
그는 만기 전에 세금을 냈다.

■ **acte** 증서, 문서, 증명서
dresser / falsifier / formuler / libeller / ratifier / sceller un acte
증서를 만들다 / 위조하다 / 형식화하다 / 꾸미다 / 비준하다 / 날인하다
authenticité / validité d'un acte   증서의 사실성 / 유효성

■ **adresser** 내밀다, 꾸미다
adresser une demande / plainte / requête
요구 사항 / 불만 사항 / 요청 사항을 꾸미다
adresser des objections / suggestions
반대 사항 / 제안 사항을 내밀다

■ **affecter** 충당하다, 배치하다
affecter un crédit / une somme à une dépense
소비에 대출 / 비용을 대다
affecter (nommer) qqn à un poste / service
부서 / 업무에 아무개를 배치하다

■ **agréer** (**accéder à**) 받아주다
Agréer une demande / proposition
요구 / 제안을 받아주다

■ **agrément** 승낙, 승인
avoir / recueillir / solliciter l'agrément de qqn
아무개의 승인을 얻다 / 받다 / 요구하다

soumettre quelque chose à l'agrément du ministre
어떤 일에 장관의 승인을 요구하다

■ **allouer** 지급(급여)하다, 할당하다
allouer une indemnité / une somme d'argent
배상금(보상금) / 일정액을 지급하다

■ **amende** 벌금
condamner à / infliger / payer une amende
벌금을 부과하다 / 부과하다 / 내다

■ **amiable** 화해적인, 타협적인
arrangement / partage / règlement à l'amiable
타협하여 조정하기 / 배분하기 / 지불하기

■ **annonce** 광고
faire paraître / insérer une annonce   광고를 내다 / 삽입하다
les petites annonces   작은 규모의 광고
annonces par affiches   벽보 광고

■ **annulation** 취소
annulation d'une commande / d'un engagement /
marché / rendez-vous / voyage
주문 취소 / 언약 취소 / 거래 취소 / 만날 약속 취소 / 여행 취소

annulation (révocation) d'une disposition / d'un jugement
부서 배치 취소 / 판단 취소

■ **annuler** (**contremander, décommander**) 취소하다
annuler une commande / un engagement / marché / rendez-vous
주문 / 약속 (언약) / 거래 / 만날 약속을 취소하다
annuler un jugement / ordre / une disposition
판단 / 명령 / 부서 배치를 취소하다

■ **apaisement** 완화, 진정
donner des / tous apaisements
완화해주다 / 모든 완화 조처를 하다

■ **appointements** (**salaire**) 봉급, 급료
donner / recevoir / toucher / verser des apointements.
봉급을 주다 / 받다 / 타다 / 지불하다

■ **approbation** (**agrément, appréciation, décision**)
승인, 승낙

Nous soumettons la question à votre approbation.
우리는 이 문제를 당신의 승인에 맡깁니다.
J'ai l'honneur de soumettre cette mesure /
ce projet à votre approbation.
저는 이 조처 / 이 계획을 당신의 승인에 맡깁니다.

■ **arrangement** 조정, 협정
conclure / proposer un arrangement
협정을 체결하다 / 제안하다
prendre des arrangements   조정하다, 협상하다
Il a pris des arrangements avec ses créanciers.
그는 채권자들과 협정했다.

■ **arranger** 조정하다, 협정하다
arranger une entrevue / rencontre entre deux personnes
회견 / 두사람의 만남을 조정하다 (협상하다)
arranger une affaire / un défférend   사건 / 분쟁을 조정하다

■ **arrêter** 정지하다, 중지하다
arrêter un compte   계정을 닫다,
arrêter son attention / son choix / sa décision
그의 조심성 / 선택 / 결정을 그만두다

■ **arrhes**(acompte) 선불금
donner / verser des arrhes   선불금을 주다 / 내다
à titre d'arrhes   선불금조로

■ **assemblée**(réunion) 모임, 회의
convoquer / dissoudre / prendre part à / tenir une assemblée
회의를 소집하다 / 해산하다 / 참여하다 / 지속하다(갖다)

assemblée annuelle / extraordianire / générale /
ordinaire / plénier / secrète
년례회 / 특별 모임 / 총회 / 정기 회의 / 전체 회의 / 비밀 회의
assemblée qui se réunit / tient séance
모임을 갖는 / 회기를 시작하는 회의

■ **association** 협회

adhérer / se joindre à / former une association
협회에 가입하다 / 가입(참여)하다 / 협회를 만들다

■ **attention** 주의

Je me permets d'appeler votre attention sur l'urgence de...
다음과 같은 위급한 사항에 당신께서 주의를 기울여 주실 것을 요청합니다.
Nous attirons encore une fois votre attention sur les conditions / prix / termes . . .
우리는 다시 한 번 다음과 같은 조건 / 가격 / 기간에 주의를 기울여 주실 것을 부탁합니다.

■ **attributions**(**compétence**) 특권, 권한

définir / délimiter / déterminer / entrer dans les attributions de qqn.
아무개의 특권을 정하다 / 한정하다 / 규정하다 / 권한에 속하다

■ **avancement**(**promotion**) 진급
avoir / faire / obtenir de l'avancement   진급하다

■ **avancer** 앞당기다. 선불하다
avancer de l'argent / des fonds à qqn.
아무개에게 돈을 / 기금을 선불하다
avancer la date / l'échéance / l'heure
날짜 / 만기 / 시간을 앞당기다

■ **bénéfice**(**profit, recette**) 유익, 이익
au bénéfice (profit) de qqn   아무개에게 유리하게
impôt sur les bénéfices   이익에 대한 세금
avoir part / participer / être intéressé aux bénéfices
특전에 참여하다 / 참여하다 / 관심있다

■ **bilan** 대차대조표
bilan positif   긍정적인 대차대조표
bilan d'une entreprise / de recherches
기업의 / 연구의 대차대조표
faire le bilan de . . . . . .   의 대차대조표를 만들다

■ **budget** 예산
les articles / chapitres / recettes et dépenses d'un budget
예산 항목 / 목차 / 수입과 지출

établissement d'un / ventiler / préparer / refuser / voter le budget
예산 설정 / 예산을 분류하다 / 준비하다 / 거부하다 / 투표하다

■ **but** 목표, 목적
atteindre / arriver / viser à un but
목표에 도달하다 / 도착하다 / 목표를 설정하다

■ **cachet**(**salaire**) 사례금, 보수
cachet d'un acheteur / artiste / musicien / d'une vedette
구매자 / 예술가 / 음악가 / 여배우의 사례금

■ **cadre** 간부
les cadres d'une entreprise   기업의 간부들
cadre moyen / supérieur   중견 / 고급 간부

■ **calendrier** 일정표, 달력
établir / se fixer / respecter un calendrier
일정표를 세우다 / 고정하다 / 준수하다
calendrier de travail   작업 일정표

■ **candidat** 후보
candidat à un concours / emploi / poste / une fonction
콩쿠르 / 직장 / 자리 / 직능 후보

convoquer des candidats   후보자들을 소환하다

■ **candidature** 입후보

candidature à un concours / emploi / poste / une fonction
콩쿠르에 / 직장에 / 자리에 / 직능에 입후보
poser / présenter sa candidature   입후보를 내다

■ **carrière** 경력, 이력

choisir / embrasser / suivre une carrière
경력을 선택하다 / 입다 / 쌓다
compromettre sa carrière   경력을 더럽히다

■ **casser** 강등시키다, 면직시키다

casser (révoquer) un fonctionnaire / officier
공무원을 / 장교를 면직시키다

■ **caution** 보증금, 담보

verser / certifier une caution   보증금을 불입하다 / 증명하다
sujet à caution   담보로

■ **certifier** 보증하다, 증명하다

certifier une caution / signature
담보를 보증하다 / 서명을 보증하다
chèque certifié   보증된 수표
copie certifiée conforme   원본과 다름없는 보증된 복사본

■ **charge**(poste) 업무 (자리)

appeler qqn à / établir qqn dans / occuper / abandonner / résigner une charge

아무개를 어떤 자리에 부르다 / 앉히다 / 차지하다 / 포기하다 / 사임하다

assumer les devoirs / obligations d'une charge

업무의 의무를 지다 / 의무 사항

■ **chèque** 수표

émettre / encaisser / endosser / faire / libeller / toucher un chèque

수표를 발행하다 / 영수하다 / 배서하다 / 만들다 / 꾸미다 / 수령하다

■ **ci—joint**(ci—inclus) 동봉한

ci—joint copie de la lettre que vous m'avez demandée / les pièces demandées

당신께서 저에게 요구한 편지 / 서류의 복사본을 동봉해서

ci—inclus les brochures / la liste / mon curriculum vitae

여기 동봉한 소책자 / 명단 / 저의 이력서

■ **clientèle** 고객

avoir / se créer une clientèle 고객을 갖다 / 만들다

obtenir / s'aliéner la clientèle de . . . 고객을 얻다 / 잃다

■ **clore** 닫다, 마감하다
clore un compte / un emprunt / un marché / une négociation
구좌 / 차용 / 거래 / 홍정을 마감하다

■ **cloture** 마감, 닫힘
cloture d'un compte / d'un débat / d'une séance / d'une session 계좌 / 토론 / 회기 / 개회 기간의 마감

■ **comité(commission)** 위원회
désigner / élire / nommer un comité
위원회를 지정하다 / 선출하다 / 지명하다
comité consultatif / exécutif / de conciliation / parrainage / d'étude
자문 / 집행 / 화해 / 후원 / 연구 위원회

■ **commande** 주문
annuler / exécuter / passer / faire passer / recevoir une commande
주문을 취소하다 / 실행하다 / 주문하다 / 주문시키다 / 주문받다
payable à la commande 주문과 함께 지불 가능한

■ **commettre(nommer)** 맡기다, 위탁하다
commettre qqn à un emploi
아무개를 어떤 직위에 맡기다

commettre un avocat / expert / huissier / rapporteur
변호사 / 전문가 / 집달리 / 보고자를 위탁하다

■ **commission**(**comité**) 위원회
ériger / former une commission 위원회를 세우다 / 만들다
membre d'une commission 위원회의 회원

■ **communication** 의사 소통, 통신
demander communication d'une copie / pièce / d'un document
복사본 / 서류 / 서류 더미를 신청하다(알려달라고 요구하다)
communication télégraphique / téléphonique
전보 / 전화 통신

■ **communiquer** 통신하다, 소통하다
communiquer un document / dossier / renseignement / une copie / lettre
서류 더미 / 서류 / 정보 / 복사본 / 편지를 전하다
communiquer ses intentions / projets / réflexions
그의 의도 / 계획 / 숙고한 내용을 알리다

■ **compétence**(**attributions**) 능력, 권한
relever de / ressortir à la compétence de qqn
아무개의 권한에 속한다

outrepasser les limites de sa compétence
그의 권한의 한계를 넘어선다

■ **comptant** 현금의
paiment / payer / régler comptant   현금 지불
argent comptant   현금

■ **compte** 회계, 계산
approuver / arrêter / clore / créditer / débiter / liquider / vérifier un compte
회계를 승인하다 / 중지하다 / 닫다 / 대변에 기입하다 / 차변에 기입하다 / 청산하다 / 확인하다

■ **concilier** 화해(타협)시키다, 조정하다
concilier (arranger) des choses contraires / gens / parties / points de vue
반대 사실 / 사람 / 당파 / 관점을 화해시키다
se concilier l'amitié / la bienveillance / les bonnes grâces de qqn
우정 / 호의 / 아무개의 회의를 얻다

■ **conclure** 결론짓다
conclure une affaire / alliance / un accord / un arrangement / un marché
사건 / 동맹 관계 / 의견 일치 / 조정 / 거래를 결말짓다

■ **condition** 조건

conditions avantageuses / intéressantes / exigées / requises
유리한 / 유익한, 재미있는 / 강요된 / 요구된 조건들

condition explicite / restrictive / tacite
명백한 / 제한적인 / 묵계의 조건

les conditions d'un accord / contrat / pacte / traité
협의 / 계약 / 조약 / 협정 조건

■ **confirmer** 확인하다

Nous confirmons notre communication de ce matin et vous demandons de . . .
우리는 오늘 아침 우리가 나눈 대화를 확인하는 바이며 당신에게 . . .을 요구합니다.

A la suite de notre conversation de . . ., je suis heureux de vous confirmer . . .
우리의 . . . 대화에 이어 당신에게 . . .을 확인하는 바입니다.

■ **conjecture** 추측, 짐작

conjecture confirmée / hasardeuse / sur l'avenir
확인된 / 무모한 / 미래에 대한 추측

■ **conseil**(réunion) 회의, 심의회

les membres / le président d'un conseil   회 임원 / 회장
conseil d'administration   이사회

■ **consentir** 동의하다, 승낙하다
consentir une avance / un crédit / un escompte / un prêt / un rabais
선불금 / 대출 / 현금 할인 / 대여 / 할인에 동의하다
consentir un délai / une permission
인도 기일 / 허락에 동의하다
consentir à . . . . . . 에 동의하다

■ **constituer** 구성하다
constituer (établir) un dossier 서류를 만들다
constituer (organiser) un gouvernement / ministère / une société
정부 / 부서 / 협회를 구성하다

■ **contact** 접촉, 만남
entrer / se mettre / se tenir en contact avec qqn
아무개와 접촉하다

■ **contracter** 계약하다, 협정을 체결하다
contracter des engagements / obligations
약속 / 의무 사항을 체결하다
contracter une alliance / une dette / un emprunt
동맹을 맺다 / 빚을 지다 / 차용하다

■ **contrat** 계약

contrat en bonne forme / forfaitaire / qui expire le ...
정식 계약 / 도급 계약 / 어느 날짜에 만기되는 계약
approuver / dénoncer / dresser / exécuter / libeller / résilier / valider un contrat
계약을 승인하다 / 알리다 / 이루다 / 실행하다 / 작성하다 / 해약하다 / 유효화하다

■ **contravention** (법규의) 위반, 경범죄

dresser contravention   경범죄 조서를 작성하다
procès-verbal d'une contravention   경범죄 소송

■ **contrevenir(enfreindre)** ... 을 위반하다

contrevenir à la loi / à la règle / au règlement
법 / 규정 / 규칙을 위반하다

■ **convoquer** (의회 따위를) 소집하다, 호출하다

convoquer qqn / des candidats / les parties
아무개 / 후보자 / 당사자를 호출하다
convoquer une assemblée   회의를 소집하다
convoquer par lettre / téléphone   편지 / 전화로 소집하다

■ **créancier** 채권자

créancier à terme / prévilégié   만기 / 우대 채권자

payer / satisfaire un créancier

채권자에게 지불하다 / 만족시키다

s'acquitter envers un créancier   채무자에게 빚을 갚다

■ **crédit** 신용, 대출

accorder / consentir un crédit à qqn

아무개에게 신용 대출을 해주다

crédits supplémentaires   추가 신용 대출

■ **créer** 창출하다, 만들다

créer (constituer) des emplois / pensions

직업 / 연금을 창출하다

créer un organisme / un service / une entreprise

기구 / 서비스 / 기업을 만들다

■ **cumuler** 누가하다, 겸하다

cumuler des droits   권리를 겸하다

cumuler des fonctions / places / traitements

기능 / 자리 / 대우를 누가하다

■ **décision** 결정

décision arbitraire / énergique / irrévocable / théorique

임의적인 결정 / 강력한 결정 / 번복할 수 없는 결정 / 이론적인 결정

arracher / discuter / forcer / prendre / reculer une décision
결정을 내리다 / 토론하다 / 강요하다 / 취하다 / 후퇴하다

■ **décliner** 사양하다, 거절하다
décliner un honneur / une invitation / une mutation / une offre
영예 / 초대 / 교체 / 제안을 거절하다
décliner toute responsabilité   모든 책임을 거부하다

■ **décommander**(annuler)   취소하다
décommander qqn / des invités / un repas
아무개 / 초대받은 자 / 식사를 취소(거부)하다

■ **déficit** 적자, 부족
déficit budgétaire   예산 부족
se solder par un déficit   적자로 결산이 나다
combler un déficit   적자를 메우다

■ **délai** 기한, 기일
délai approximatif de / qui échoit / expiré / fixé / réglementaire / supplémentaire
대략적인 / 만기가 . . .인 / 만기의 / 고정된 / 규정된 / 추가적인 기한
à l'expiration du délai   만기가 도래하면
délai de livraison / paiement   배달 / 지불 만기
dans les délais   기한 안에

■ **déléguer** 대표로 파견하다, 위임하다
déléguer sa compétence / son autorité / pouvoir à qqn
그의 권한 / 권능 / 능력을 아무개에게 위임하다

■ **délivrer** 교부하다, 인도하다
délivrer une ampliation / un brevet / certificat / reçu
(원본과 같은) 부본 / 면허장 / 확인서 / 영수증을 교부하다

■ **demande** 요구
adresser / déposer / former / justifier / libeller / présenter / rédiger une demande
요구를 보내다 / 제시하다 / 만들다 / 정당화하다 / 꾸미다 / 작성하다
accéder, acquiescer à / accueillir favorablement / répondre / satisfaire à une demande
요구에 응하다 / 긍정적으로 받아들이다 / 답변하다 / 만족시키다

■ **demander**(**solliciter**) 요구하다
demander une audience / interview / un entretien
회견 / 인터뷰 / 대담을 요구하다
demander un délai / de l'aide / l'appui, assentiment, assistance, intervention de qqn
기한 / 도움 / 아무개의 원조, 동의, 도움, 개입을 요구하다

■ **démarche** 방식, 과정, 교섭

démarche prématurée   시기상조인 교섭

démarches malhonnêtes   정직하지 않은 방식

différer / faire / justifier / motiver / tenter une démarche
교섭을 연기하다 / 하다 / 정당화하다 / 동기화하다 / 시도하다

■ **démettre**(**démissionner, relever, résigner**)
　해임(면직)하다

démettre qqn de son emploi / ses fonctions
아무개를 직위에서 해임하다

se démettre de ses fonctions   직위에서 사임하다

■ **démission** 해임, 면직

donner / envoyer / remettre sa démission
사표를 제출하다 / 보내다 / 제출하다

accepter / recevoir la démission de qqn
아무개의 해임을 받아들이다 / 받다

■ **démissionner**(**démettre**) 해임(면직)하다

démissionner qqn   아무개를 해임하다

démissionner d'un emploi   직위에서 해임하다

■ **dépense** 지출

dépenses folles / imprévues / inutiles / supplémentaires /utiles / voluptuaires
대단한 / 예기치 못한 / 쓸모없는 / 추가적인 / 유용한 / 사치성의 지출
entraîner des dépenses   지출을 야기하다
affecter une somme à une dépense   지출에 비용을 대다
attribuer un crédit à une dépense   지출에 신용대출을 하다

■ **désigner** 가리키다, 지명하다

désigner un bénéficiaire / délégué / rapporteur /successeur
수익자 / 대표자 / 보고자 / 후임자를 지명하다
désigner un comité   위원회를 지정하다

■ **dessaisir** (직무를) 빼앗다, 해제하다

dessaisir qqn / une autorité / un tribunal de
아무개를 해제하다 / 권한을 빼앗다 / 재판을 취하하다
se dessaisir d'un document / gage / titre / d'une lettre /pièce
서류 / 저당물 / 직함 / 편지 / 서류를 내놓다

■ **dette** 빚, 채무

échéance d'une dette   채무 만기
dette à court, long terme / consolidée / perpétuelle / remboursable
단기, 장기 / 장기 공채 / 종신 / 상환 가능한 채무

acquitter / nier / payer / rembourser / s'acquitter d'une dette
채무를 갚다 / 부인하다 / 지불하다 / 갚다 / 갚다

■ **différend** 분쟁, 이의
avoir un différend / être en différend avec qqn
아무개와 이견(분쟁)을 갖고 있다 / 분쟁 중이다

■ **différer** 연기하다
différer une démarche / une résolution / la mise en application de
시동(시작) / 해결 / 적용을 연기하다
différer une échéance / un paiement
만기 / 지불을 연기하다

■ **difficulté(obstacle)** 어려움, 난점
rencontrer une difficulté 어려움을 만나다
aplanir / attaquer / pallier / prévenir / résoudre / surmonter / trancher une difficulté
어려움을 제거하다 / 공격하다 / 완화하다 / 예견하다 / 해결하다 / 극복하다 / 해결하다

■ **document** 문서, 서류
communiquer / demander / se dessaisir d'un document
서류를 제출하다 / 요구하다 / 이관하다

annexer un document à un dossier 서류를 문서에 첨부하다
falsifier / viser un document
서류를 위조하다 / 얻으려고 노력하다
authenticité d'un document   서류의 진실(진본)성
original / copie d'un document   서류의 원본 / 복사본

■ **dossier** (한다발의) 서류, 조서
étudier / transmettre un dossier   서류를 조사하다 / 전달하다
constituer / établir un dossier   서류를 꾸미다 / 만들다
annexer / joindre / verser à un dossier
서류에 붙이다 / 첨부하다 / 붙이다

■ **dresser** 작성하다
dresser un budget / inventaire   예산 / 목록을 작성하다
dresser un acte / contrat / procès-verbal
문서 / 계약서 / 소송문서를 작성하다
dresser une facture   계산서를 작성하다

■ **échéance**(**expiration**) 만기
échéance d'un acte / billet / loyer / d'une traite
문서 / 수표 / 집세 / 어음의 만기
à deux mois / semaines d'échéance   2개월 (2주일) 만기
à brève / longue échéance   단기 / 장기간의 만기
avancer / différer / proroger / reculer une échéance
만기를 당기다 / 연기하다 / 연장하다 / 뒤로 물리다

■ **échoir**(expirer, venir à échéance) 만기가 되다

facture / intérêt / montant / traite à échoir / qui échoit / échu(e)

계산서 / 이자 / 금액 / 어음이 . . . 가 만기가 되는

payable / payer à terme échu

만기에 지불 가능한 / 지불해야 함

■ **écrire** 쓰다, 적다

Je vous écris au sujet de . . . / à la hâte / à titre personnel

. . .에 대해서 / 급히 / 개인적으로 당신에게 글을 씁니다.

Je vous ai déjà écrit à ce sujet.

이 문제에 대해서 이미 당신에게 편지를 쓴 적이 있습니다.

Je vous remercie de m'avoir écrit.

편지를 써 보내주신 것에 대해 감사드립니다.

Vous m'écrivez que . . .

당신께서는 . . .라고 쓰셨는데

■ **emploi**(poste) 직업, 자리

poser, présenter sa candidature à / chercher / solliciter / tenir un emploi   어떤 자리에 원서를 내다 / 자리를 찾다 / 구하다 / 차지하고 있다

présenter qqn pour un emploi

어떤 자리에 아무개를 소개하다

assigner / procurer un emploi à qqn

어느 자리에 아무개를 배당하다 / 충당하다

■ **emprunt** 차용, 부채
contracter / faire / rembourser un emprunt
부채를 지다 / 차용하다 / 갚다

■ **enfreindre**(**contrevenir, transgresser, violer**) 위반하다, 어기다
enfreindre une loi / une prescription / un ordre / règlement
법 / 규칙 / 명령 / 법규를 위반하다
enfreindre un engagement / des voeux
약속 / 맹세한 내용을 어기다

■ **engager** 시작하다, 끌어 넣다,
engager la discussion / un entretien 토론 / 대담을 시작하다
engager des négociations 협상을 시작하다
engager des capitaux / crédits / dépenses
자본 / 신용 대출 / 비용을 투입하다
engager sa responsabilité 그의 책임을 약속하다

■ **enquête** 앙케트, 설문 조사
faire / mener / ordonner / ouvrir / procéder à une enquête
앙케트를 하다 / 이끌다 / 명하다 / 시작하다 / 착수하다
enquête qui aboutit / suit son cours
결론으로 유도하는 / 자연히 흘러가는 앙케트

■ **entente**　합의, 양해, 협조

entente illégale / muette / secrète / tacite / dirigée contre qqn
불법적인 / 묵시적 / 은밀한 / 암묵의 / 아무개에 반대하는 합의

chercher / trouver un terrain d'entente
합의점을 구하다 / 찾다

arriver / parvenir à une entente　합의에 이르다 / 다다르다

■ **entretien**(**entrevue**)　대담

entretiens confidentiels / privés　비밀 / 개인적인 대담

avoir un entretien avec qqn　아무개와 대담을 갖다

demander / solliciter un entretien
대담을 요구하다 / 청원하다

accorder un entretien　대담에 응하다

■ **envoyer**(**adresser, expédier, faire parvenir**)　보내다

Nous vous adressons sous ce pli un chèque de . . .
이 우편물에 . . .의 수표를 당신에게 보냅니다.

Nous accusons réception de la lettre / règlement que vous nous avez adressé(e).
당신이 우리에게 보낸 편지 / 결제를 받았습니다.

Je vous prie d'adresser mon courrier chez N.
N에게 저의 편지를 전해 주시기 바랍니다.

Je vous serai reconnaissant de bien vouloir m'envoyer la liste de prix.
저에게 가격표를 보내주시면 감사하겠습니다.

■ **ériger**(former, instituer) 세우다, 설립하다
ériger une commission / société / un tribunal
위원회 / 협회 / 재판을 설정하다

■ **escompte**(rabais) 할인
accorder / consentir / faire un escompte   할인 혜택을 주다

■ **escompter** 할인하다, 미리 즐기다
escompter / faire escompter un billet à ordre
약속 어음을 할인하다 / 할인하게 해주다
escompter un héritage / son avenir
유산 / 장래를 기대하고 미리 쓰다

■ **établir** 세우다, 설립하다
établir une disposition (계약, 유언 등의) 조항을 만들다
établir un calendrier de travail   노동 일정을 짜다

■ **éteindre** 소멸시키다, 근절하다
éteindre un droit / une obligation   권리 / 의무를 없애다
éteindre une dette / hypothèque   채무 / 저당권을 소멸시키다

■ **étude** 연구, 학습
étude d'un contrat / devis / projet (de loi) / d'une question
계약 / 견적 / 법안 / 질문에 대한 연구

étude approfondie / sérieuse   심화 / 진지한 학습
mener une étude à bonne fin   학습을 잘 이끌다

■ **événement** 사건
événement diplomatique / historique / politique / heureux / malheureux
외교적 / 역사적 / 정치적 / 행복한 / 불행한 사건
rapport / rapprochement entre des événements
사건들 사이의 관계 / 비교

■ **exercice** 연습, 행사, 실천
exercice d'un droit / du pouvoir   권리 / 능력의 행사
exercice d'un métier / d'une profession   직종 / 직업의 실천
entrer en exercice (en fonction)   ...일을 하다
dans l'exercice de ses fonctions   그의 업무 수행중에

■ **expiration** 만기
expiration d'un bail / contrat / mandat
임대 / 계약 / 위임 만기
expiration d'un délai / d'une trêve   기일 / 일시적 중단 만기
à l'expiration de . . . .   이 만기되어
date d'expiration / venir à l'expiration
만기일 / 만기에 가깝다

■ **expirer** (échoir, venir à échéance) 만기가 되다
bail / contrat / mandat / passeport qui expire le . . .
임대 / 계약 / 위임 / 여권이 . . .일에 만기가 된다.
délai expiré (échu) 만기가 다 된

■ **exprès** 속달의, 지급의
colis / lettre exprès 속달 소포 / 편지
envoyer un exprès 속달 편지를 보내다

■ **facture** 계산서, 송장
dresser / envoyer / établir / faire / présenter une facture
계산서를 내밀다 / 보내다 / 만들다 / 만들다 / 제시하다
acquitter / payer / régler / solder une facture
계산서를 지불하다

■ **filière** 절차, 단계
filière administrative 행정 절차
passer par / suivre la filière 절차를 따르다

■ **fonction** 기능, 임무
fonction en remplacement / intérim 대체 / 임시 기능
fonctions perpétuelles / temporaires
영속적인 / 임시적인 기능
chargé d'une fonction . . 기능을 맡은

dans l'exercice de ses fonctions   그의 업무를 수행 중에

poser / présenter sa candidature à une fonction
어떤 기능에 원서를 내다

■ **fonctionnaire** 공무원

fonctionnaire civil / public / des contributions
민간 / 공공 / 세무 공무원

haut fonctionnaire   고급 공무원

corruption d'un fonctionnaire   공무원의 부패

déplacer / mettre en disponibilité / muter un fonctionnaire
공무원을 파면하다

■ **fonds** 기금, 자금

avancer / chercher / recueillir / trouver des fonds
기금을 내다 / 찾다 / 모으다 / 찾다

appel / détournement / mise de fonds
불입 청구 / 공금 횡령 / 불입 자본

fonds considérables   상당한 기금

■ **former** 구성하다, 이룩하다

former (ériger, instituer) un gouvernement / une société
정부 / 협회를 구성하다

former l'idée / une résolution / des voeux
어떠한 생각을 하다 / 해결하다 / 서원하다

■ **gérer** 관리하다, 경영하다

gérer une affaire / son avoir / un commerce / domaine / une tutelle

사건 / 그의 재산 / 교역 / 분야 / 후견을 관리하다

gérer les biens de qqn   아무개의 재산을 관리하다

■ **grever** 부담시키다, 과하다

grever un budget / une économie / succession

예산 / 경제 / 상속을 압박하다

■ **homologuer** 승인(인가)하다

homologuer une norme / un règlement

표준 / 규칙을 승인하다

homologuer un partage / tarif

배분 / 요금을 승인하다

homologuer une performance / un record

능력 / 기록을 공인하다

■ **honneur**(plaisir, regret)   영예, 명예

Nous avons le grand honneur de vous inviter à . . .

당신을 . . 에 초대하여 영광스럽습니다.

J'ai l'honneur de soumettre à votre approbation / solliciter de votre haute bienveillance . . .

당신의 승낙 / 호의를 요구하는 바입니다.

J'ai le plaisir de vous annoncer . . .
당신에게 . . .을 알립니다.
C'est avec plaisir que nous vous communiquons . . .
우리는 기쁨으로 당신에게 . .을 알려 드립니다.

■ honoraires(salaires) 급여
les honoraires d'un avocat / médecin / notaire
변호사 / 의사 / 공증인의 급여

■ impartir (권리, 은혜 따위를) 주다
impartir un délai   기일을 주다
dans les délais impartis   유예 기간 안에

■ impôt 세금
impôt dégressif / forfaitaire / régressif
체감세 / 도급세 / 역진세
de lourds impôts   과다한 세금
acquitter / payer ses impôts   세금을 내다
alléger / réduire / relever les impôts
세금을 완화하다 / 축소하다 / 올리다
dégrèvement / exemption / exonération d'impôt
감세 / 면제 / 면세

■ inconvénient 불편, 나쁜 점
avantages et inconvénients de qqch . . .   의 장점과 단점

inconvénients graves 중대한 불편
avoir / comporter / entraîner / présenter des inconvénients
불편한 것들이 있다

■ **information**(renseignement) 정보
information neutre / objective / officielle / officieuse / utile
중립적인 / 객관적인 / 공식적인 / 비공식적인 / 유용한 정보
communiquer / donner / ouvrir / transmettre une information
정보를 알려주다 / 전해주다 / 공개하다 / 전하다

■ **informer**(dire) 알리다
Par cette lettre, j'aimerais vous informer que . . .
이 편지로 당신에게 . . .을 알리고 싶습니다.
Nous vous informons qu' à partir de . . .
. . .부터 . . .할 것이라는 사실을 알려드립니다.
Veuillez nous informer de la suite qui sera donnée à cette affaire.
이 사건 이후에 벌어질 일들을 우리에게 알려주시기 바랍니다.
Je vous signale que j'ai été informé des modifications.
저는 변경된 사항에 대해 알았음을 알려 드립니다.

■ **instituer** 설립하다, 제정하다
instituer un contrôle / une procédure
감독 / 절차를 제도화하다

instituer (ériger, former) un ordre / la force publique
질서 / 공안력을 제정하다

■ **instructions** 훈령, 지시, 설명서
instructions limitées / précises / secrètes
제한된 / 구체적인 / 은밀한 훈령
donner des instructions   훈령을 내리다
se conformer aux / outrepasser les instructions
훈령에 적합하다 / 한계를 넘다

■ **intérêt(importance)** 흥미, 관심
J'attache une très grande importance à . . .
. . . 에 매우 큰 중요성을 부여합니다.
J'attacherai un intérêt tout particulier à voir cette lettre.
저는 이 편지를 보는데 특별한 관심을 보냅니다.
J'attacherais beaucoup d'importance à être informé de . . .
저는 특별히 . . . 사항을 알고 싶습니다.

■ **introduire** 유도하다, 소개하다
introduire une demande / instance
요구하다 / 소송을 제기하다
introduire une réforme   개혁을 유도하다

■ **inventaire** 목록, 명세목록

clore / clôture de / dresser un inventaire
목록을 마감하다 / 마감 / 만들다
procéder à l'inventaire 목록을 작성하다

■ **lettre**(lignes, mot) 편지

Cette lettre a pour but de porter à votre connaissance / vous communiquer...
이 편지는 당신에게...사항을 알려드리는 데 목적이 있습니다.
Je vous envoie ces quelques lignes pour.../au sujet de...
...을 위해서 / ..에 대해서 당신에게 몇자 적어 보냅니다.
Par ces lignes, nous vous confirmons les conditions...
이 몇줄의 편지로 당신에게... 조건들을 확인하는 바입니다.

■ **lever** 일으키다, 치우다

lever la séance / lever des impôts / une contribution
폐회하다 / 세금을 거두다 / 기여를 거두어들이다

■ **libeller** (문서를)꾸미다, 작성하다

libeller un acte / contrat / une demande / une réclamation
증서 / 계약 / 요구서 / 요청서를 작성하다
libeller un chèque / mandat / télégramme
수표 / 전신환 / 전보를 꾸미다

■ liberté(permettre) 자유

Nous avons pris la liberté de vous adresser cette demande…
우리는 당신에게 다음의 요구 사항을 제시합니다(제시하는 자유를 갖습니다).

A la suite des informations, j'ai pris la liberté de vous signaler que . . .
정보에 이어서 저는 당신에게 . . .을 알려 드립니다.

Avant tout, permettez-moi de vous remercier de votre lettre.
무엇보다도 먼저 편지를 보내주신 것에 대해 당신에게 감사드립니다.

■ litige 소송, 분쟁

arbitrer / examiner / régler / soumettre / trancher un litige
소송을 중재하다 / 조사하다 / 조정하다 / 심사에 부치다 / 해결하다

cas / objet / point / question en litige
논쟁의 여지가 있는 경우 / 대상 / 사항 / 질문

■ marché 거래

annuler / arrêter / clore / conclure / faire / résilier un marché
거래를 취소하다 / 그치다 / 닫다 / 해결하다 / 하다 / 취소하다

■ mensualités 월급여

toucher ses mensualités(salaires)   월급을 타다

payer par mensualités(versements)   월급여로 지불하다

■ **mutation**   인사 이동, 교체

mutation d'office, décliner une mutation, demander sa mutation

직무 이동, 인사 이동을 거부하다, 그의 인사 이동을 요구하다

■ **négociation**   타협, 화해

négociations secrètes, par voie de négociation

은밀한 타협, 타협의 방법으로

échec / ouverture / poursuite / progrès / succès des négociations

타협 실패 / 시작 / 계속 / 진척 / 성공

■ **négocier**   타협하다, 협상하다

négocier un accord / traité / une affaire / convention

의견 일치 / 조약 / 사건 / 협약을 타협하다

négocier à terme   기한부로 협상하다

■ **nier**   거부하다, 부인하다

nier un dépôt / une dette   기탁 / 채무를 거부하다

nier sa signature   그의 서명을 거부하다

nier l'authenticité de . . .   . . . 의 진실성을 부인하다

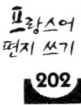

■ **niveau de vie** 생활 수준

haut niveau de vie, indices du niveau de vie
높은 생활 수준, 생활 수준 지표
niveau de vie qui baisse / monte
내려가는 / 올라가는 생활 수준

■ **nomination** 지명, 지칭

nomination à un grade / poste supérieur
어떤 직위 / 상위 자리에 지명
obtenir / rapporter / signer une nomination
지명을 얻다 / 가져오다 / 서명하다

■ **nommer**(**affecter à, commettre**) 지명하다

nommer un directeur / des fonctionnaires
과장(사장) / 공무원들을 지명하다
être nommé à un emploi / poste
어느 직위 / 자리에 지명되다

■ **note**(**noter, prendre acte**) 기록, 메모

Je vous invite à prendre bonne note de . . .
. . .을 잘 적어 놓으시기 바랍니다.
J'ai pris bonne note de cette modification / objection / vos remarques.
변경된 사항 / 거절 / 당신의 지적 사항들을 잘 적어 놓았습니다.

Nous prenons note du fait que . . .
우리는 . . .을 적어 놓았습니다.

■ **notifier**(**signifier**) 통고하다, 고지하다
notifier une décision / un renvoi   결정 / 반송을 통고하다
notifier un rendez-vous   약속을 통고하다

■ **obstacle**(**difficulté**) 장애, 방해
rencontrer un obstacle, sans rencontrer d'obstacle,
장애를 만나다, 장애를 만나지 않고
obstacles insurmontables / irréductibles
극복할 수 없는 / 완강한 장애물들
aplanir / franchir / lever / vaincre un obstacle
장애를 제거하다 / 뛰어넘다 / 극복하다

■ **office** 직무, 직책
office d'agent de change   교환 직무
remplir son office, résigner un office
그의 직무를 이행하다, 사임하다

■ **offre** 제안, 제시
offres acceptables / avantageuses
받아들일 수 있는 / 유익한 제안
offre d'emploi / de service   구인 (求人)

accepter / rejeter / repousser une offre
제안을 받다 / 거부하다 / 부인하다

■ **organiser** 구성하다, 주선하다
organiser (arranger) une rencontre (entre deux personnes)
(두사람의) 만남을 주선하다
organiser une réunion / une rencontre / un voyage
모임 / 축제 / 여행을 주선하다

■ **ouverture** 시작, 개시
ouverture d'une discussion / enquête / séance / d'un débat
토론 / 앙케트 / 회기 / 토의 시작
ouverture de la session / des négociations
회기 / 타협의 시작

■ **paiement**(règlement) 지불
paimement par chèque   수표로 지불
effectuer / faire / recevoir un paiement
지불을 이행하다 / 하다 / 받다
différer / suspendre un paiement
지불을 연기하다 / 중단하다
modalité de paiement   지불 방법

■ **pallier** 대처하다, 완화하다
pallier une difficulté / un inconvénient
어려움 / 불편한 사항에 대처하다
pallier le manque / la pénurie de / une défaillance
부족 / . . .의 결핍 / 쇠퇴를 완화하다

■ **paraître**(**apparaître**) . . 처럼 보이다, 나타나다
Il paraît absolument indispensable de . . .
절대적으로 . . . 인 것처럼 보입니다.
D'un autre côté, il paraît nécessaire de rappeler . . .
다른 한편으로, . . .을 환기시키는 것이 필요해 보입니다.
Il apparaît, en lisant votre lettre, qu'il serait préférable de . .
당신의 편지를 읽으니 . . .하는 것이 바람직해 보입니다.

■ **parrainage**(**patronage**) 후원, 보증
parrainage d'une oeuvre, accepter le parrainage de . . .
작품의 보증인, . . . 의 후견을 받아들이다
comité de parrainage   후원 위원회

■ **parrainer**(**patronner**) 후원하다, 보증하다
parrainer une entreprise / oeuvre   기업 / 작품을 후원하다
parrainer qqn   아무개를 후원하다

■ **patronage**(**parrainage**) 보호, 후원

demander / placer sous le patronage de qqn
아무개의 보호를 요청하다 / 아무개의 보호하에 놓이다
sous le patronage de . . . . . .의 후원하에

■ **payable** 지불할 수 있는

payable à l'échéance / N jours / vue / au comptant / d'avance
만기시 / N 일 후에 / 즉시 / 현금으로 / 미리 지불할 수 있는

■ **pension** 수당, 연금

bénéfice d'une pension 연금 혜택을 받음
constituer / créer des pensions 수당을 만들다 / 창출하다
toucher une pension 연금을 타다

■ **percevoir** 받다, 징수하다

percevoir (lever) des impôts / intérêts / droits de douane
세금 / 이자 / 관세를 징수하다

■ **place**(**poste**) 자리, 직위

une place vacante 빈 자리
perdre sa place, occuper / tenir une place
그의 직위를 잃다, 자리를 차지하다 / 유지하다

■ **plainte** 불평, 제소

adresser / déposer / formuler une plainte 제소하다

porter plainte, sujet de plainte   고소하다, 불평거리

■ **point** 점, 사항

point litigieux, en litige   논쟁의 여지가 있는 사항
aborder / traiter / attirer l'attention sur / discuter un point
사항을 다루다 / 다루다 / 관심을 갖다 / 토론하다
aborder un point particulier   어떤 특별한 사항을 다루다

■ **point de vue** 관점

points de vue différents / opposés   다른 / 대립된 관점
rallier tous les points de vue   모든 관점들을 연합시키다
envisager / examiner un certain point de vue
어떤 관점을 다루다
défendre / maintenir son point de vue
그의 관점을 견지하다

■ **poste**(**charge, emploi, fonction, place, profession, situation**) 자리

poste important, vacant   중요한, 비어 있는 자리
honneur attaché à un poste   어떤 자리에 결부된 영예
être candidat à / présenter sa candidature à un poste
어떤 자리에 원서를 내다

■ **postuler** 지망하다

postuler un emploi   어떤 일자리를 지망하다

■ **préavis** 예고
préavis de congé / licenciement   해약 예고
donner un préavis, avec un préavis de N jours
예고하다, N 일간의 예고와 함께

■ **préjudice** 손해, 침해
causer / subir un préjudice   손해를 야기하다 / 입다
préjudice grave, porter préjudice
상당한 손해, 손해를 끼치다

■ **préjuger** 속단하다, 예측하다
préjuger une affaire / une décision / question
사건 / 결정 / 질문을 속단하다

■ **présider** 사회를 보다, 주재하다
présider une assemblée / séance / un débat
모임 / 회기 / 토론을 주재하다
présider un conseil (d'administration)
(행정) 회의를 주재하다

■ **présumer** 추정하다, 추측하다
être présumé, présumer de qqn
추정된, 아무개에 대해 추정하다
être présumé innocent   결백하다고 추정되다

■ **prêt** 대여

consentir un prêt, prêt à court / long terme
대여해 주다, 단기 / 장기 대여

■ **prétention** 요구, 주장

prétentions basées sur / excessives / légitimes / ridicules
...에 근거한 / 과도한 / 합법적인 / 사소한 주장
justifier une prétention   주장을 정당화하다

■ **prétexte** 구실, 변명

chercher / prendre / saisir / trouver un prétexte
구실을 찾다 / 변명하다 / 둘러 대다 / 구실을 찾다
fournir / donner des prétextes   구실을 대다

■ **preuve** 증거

preuve formelle / irréfutable / irrésistible / tangible
명백한 / 반박할 수 없는 / 저항할 수 없는 / 확실한 증거
apporter / avoir / fournir / réunir des preuves   증거를 대다

■ **prix** 가격

prix avantageux / dérisoire / défiant toute concurrence / élevé
/ excessif / imbattable / modéré / normal / raisonnable
유리한 / 하찮은 / 모든 경쟁을 불허하는 / 높은 / 과도한 / 꺾을
수 없는 / 적당한 / 정상적인 / 합리적인 가격

prix courant / de fabrique, de revient / en vigueur / fixe, forfaitaire / à moitié prix
현금가 / 공장도가, 원가 / 현행가격 / 고정된, 도급 가격 / 절반 가격

■ **problème** 문제

éléments / fond / gravité d'un problème
문제의 요소들 / 근본 / 중요성
probléme complexe / compliqué / délicat / inquiétant / insoluble
복합적인 / 복잡한 / 미묘한 / 걱정끼치는 / 해결이 안되는 문제
aborder / attaquer / élucider / évoquer / résoudre un problème
문제에 접근하다 / 공격하다 / 밝히다 / 환기하다 / 해결하다

■ **procédé** 방법, 조치

procédés abusifs / corrects / malhonnêtes
지나친 / 옳은 / 정직하지 않는 조치
chercher / recourir à un procédé
방법을 찾다

■ **procéder à**... 에 착수하다

procéder à une enquête / étude 앙케트 / 연구에 착수하다
procéder à un inventaire 목록을 작성하다

■ **procés-verbal** 조서, 보고서,
approuver / clore / dresser / lire / rédiger un procés-verbal
조서를 인정하다 / 마감하다 / 작성하다 / 읽다 / 기안하다
annexer un procés-verbal à un dossier
조서를 서류에 부치다

■ **profession(poste)** 직업
embrasser / exercer / pratiquer / prendre une profession
직업을 갖다 / 수행하다 / 실행하다 / 갖다
exercice / pratique d'une profession   직업의 수행

■ **profit(bénéfice)** 이익, 유리
profits d'une entreprise / société / individuels
기업 / 협회 / 개인들의 이익
profit inattendu / inespéré   예기치 않던 이익
profit brut / d'exploitation / net
총이익 / 경영 이익 / 순이익
profits et pertes, source de profit
이득과 손실, 이득의 원천

■ **projet** 계획
projet chimérique / complexe / irréalisable / manqué
공상적인 / 복잡한 / 실현할 수 없는 / 어긋난 계획
communiquer / découvrir / dévoiler / soumettre ses projets
그의 계획을 알리다 / 밝혀내다 / 밝히다 / . . .에 회부하다

arrêter / caresser / concerter / dresser / ébaucher / élaborer un projet
계획을 중지하다 / 가다듬다 / 공고히 하다 / 세우다 / 시작하다 / 구상하다

■ **projet de loi** 법안
accepter / adopter / amener / discuter / mettre à l'étude / modifier / voter un projet de loi
법안을 받아들이다 / 채택하다 / 유도하다 / 토론하다 / 연구하다 / 변경하다 / 표결하다

■ **promesse** 약속
promesse en l'air / sincère / solenelle
헛된 / 진지한 / 엄숙한 약속
être fidèle à / exécuter / manquer à / remplir / violer sa promesse
약속에 충실하다 / 약속을 실행하다 / 지키지 않다 / 지키다 / 어기다
compter sur la promesse de qqn
아무개의 약속을 믿다

■ **promotion**(**avancement**) 승진, 진급
promotion ouvrière, promotion à l'ancienneté / au choix
노동자의 지위 향상, 선임순 진급, 선별적 진급

■ **propos** 말, 화제

propos badins / blessants / cyniques / grossiers / irréfléchis
농담하는 / 상처를 주는 / 뻔뻔스러운 / 저속한 / 생각없이 하는 말

sérieux d'un propos   말을 신중하게 하는

■ **proroger** 연장하다, 연기하다

proroger un décret / une loi / une échéance
시행령 / 법 / 기한을 연장하다

proroger la validité de . . .
. . .의 유효 기간을 연장하다

■ **protestation** 항의

protestation écrite / verbale   글로 쓴 / 말로 하는 항의

protestation indignée / véhéments / violente
분개한 / 격렬한 / 과격한 항의

geste de protestation
항의의 표시

■ **question** 질문, 문제

question à l'étude / complexe / délicate / d'intérêt / en litige / épineuse
연구 대상의 / 복잡한 / 미묘한 / 관심사 / 논쟁 중의 / 가시 돋친 질문

entretenir d'une question / être saisi d'une question / insister sur une question
질문을 다루다 / 질문을 다루다 / 문제를 강조하다

■ **rabais**(**escompte**) 할인

travail au rabais, vente au rabais
제 돈을 못받고 일하기, 할인 판매
accorder / consentir un rabais   할인 해주다

■ **rapport** 보고서, 관계

rapport confidentiel / écrit / oral / secret
비밀의 / 글로 쓴 / 말로 하는 / 비밀 보고서
des rapports d'experts   전문가들의 보고서
entrer en rapport avec qqn   아무개와 관계를 맺다

■ **réaliser** 실현하다, 이룩하다

réaliser des bénéfices / économies   이익 / 절약을 이루다
réaliser un achat / constat / une vente
구매 / 조서 / 판매를 실현하다

■ **recette**(**bénéfice**) 수입, 수납

excédent / montant / prévision des recettes
수입 초과 / 수입 금액 / 수입 예상
recettes et dépenses d'un budget   예산의 수입과 지출

■ **recevoir**(**parvenir**) 받다, 영수하다

Je reçois à l'instant votre lettre / télégramme.
본인은 현재 당신의 편지 / 전보를 받았습니다.
C'est seulement aujourd'hui que je reçois votre aimable invitation.
겨우 오늘에야 당신의 호의에 찬 초청장을 받았습니다.

■ **réclamation** 이의 신청, 청구

déposer / faire / formuler / instruire / libeller une réclamation
이의 신청을 하다
discuter / établir / examiner le bien-fondé d'une réclamation
이의 신청의 정당성을 토론하다 / 따지다 / 조사하다

■ **récuser** 이의를 신청하다

récuser (décliner) la compétence / l'autorité de qqn
아무개의 능력 / 권위에 이의를 신청하다
récuser un arbitre / expert / juge / témoin
심판 / 전문가 / 판사 / 증인에 이의를 신청하다

■ **refus** 거절, 거부

refus irrévocable / motivé / poli
철회할 수 없는 / 근거있는 / 정중한 거절
marquer son refus, opposer un refus
그의 거부 의사를 표시하다, 거부에 반대하다

■ **règlement** 규정, 규칙

règlement en vigueur / qui entre en vigueur
집행 중인 / 집행에 들어가는 규칙
entorse / infraction au règlement   규칙에의 왜곡 / 위반
observation stricte du règlement   규칙의 엄격한 적용

■ **remercier** 감사하다

Je voudrais tout d'abord vous remercier de votre lettre du . . .
우선 당신의 . . 일자 편지에 대해 감사드립니다.
Avant tout, permettez-moi de vous remercier d'avoir répondu aussi promptement à ma demande.
저의 요청에 그렇게 빨리 답변해 주신데 대해 우선 감사드립니다.
Nous vous remercions des renseignements / détails que vous nous avez envoyés.
우리에게 보내주신 정보 / 상세 사항에 대해 감사드립니다.
Nous vous remercions de votre commande.
당신의 주문에 감사드립니다.

■ **rencontre**(entrevue) 만남, 회견

fixer les conditions d'une rencontre
만나는 조건을 확정짓다
arranger / ménager / organiser une rencontre
만남을 주선하다

■ **rendement** 수익, 이윤

rendement d'un placement / maximum
투자 수익 / 최대 이윤
augmenter / diminuer le rendement 수익이 늘다 / 줄다

■ **rendez-vous**(entrevue) 약속, 만남

le jour / le lieu d'un rendez-vous 만날 날 / 장소
convenir du jour d'un rendez-vous 만날 날짜를 맞추다
avoir / prendre rendez-vous 약속하다

■ **renseignement**(information) 정보

renseignements précieux / secrets / sérieux / sur un sujet d'étude
소중한 / 은밀한 / 신중한 / 연구 대상이 되는 정보들
chercher / communiquer / donner / obtenir / puiser / tenir un renseignement
정보를 찾다 / 알리다 / 전해주다 / 얻다 / 파다 / 갖다

■ **répondre** 대답하다, 답변하다

J'ai tardé à répondre à votre lettre / à vous répondre.
당신의 편지에 / 답장하는 데 지체했습니다.
C'est avec beaucoup de retard que je réponds à votre lettre du . . .
. . 일자 당신의 편지에 상당히 늦게 답장합니다.

Notre lettre du . . . est restée sans réponse.
. . .일자 우리의 편지에 대한 답변이 없습니다.

■ **requête** 청원서

adresser / présenter / saisir une requête   청원서를 내다
admettre / appuyer / rejeter une requête
청원서를 받다 / 뒷받침하다 / 거부하다

■ **résigner** 사임하다

résigner sa charge / son emploi / ses fonctions (démissionner)
그의 업무에서 사임(사직)하다

■ **résilier** 취소하다

résilier un bail / contrat / engagement / marché
임대 / 계약 / 약속 / 거래를 취소하다

■ **résoudre (apporter une solution)** 해결하다

résoudre un conflit / problème / une difficulté / énigme
분쟁 / 문제 / 어려움 / 수수께끼를 해결하다

■ **responsabilité** 책임

partager / porter / prendre la responsabilité de . . .
. . .의 책임을 분담하다 / 지다 / 책임지다
décliner toute responsabilité   모든 책임을 회피하다
rejeter la responsabilité de qqch 무엇에 대한 책임을 부인하다

■ **résultat** 결과
beaux / bons résultats 좋은 결과
résultats heureux / inespérés 다행한 / 기대하지 않은 결과

■ **réunion(assemblée, conseil)** 회합
convoquer à / organiser / tenir une réunion
회합을 소환하다 / 구성하다 / 열다
invitation à une réunion 회합에의 초대
assister à une réunion 회합에 참석하다

■ **revendication** 요구, 요구 사항
revendications fondées / justes / légitimes / ouvrières
근거있는 / 정당한 / 합법적인 / 노동자들의 요구 사항
satisfaire à une revendication 요구에 부합하다

■ **révocation** 취소, 파면, 면직
révocation d'un cadre / fonctionnaire / magistrat
간부 / 공무원 / 사법관의 파면

■ **révoquer** 면직하다, 해임하다
révoquer (casser) un cadre / fonctionnaire / magistrat
간부 / 공무원 / 사법관을 해임하다

■ **saisir** 포착하다

saisir une autorité / la direction / le conseil de . . .
. . . 의 권위 / 방향 / 충고를 잡다 (듣다)

■ **salaire**(**appointements, honnoraires, traitement**)
　급여, 임금

salaire de base / mensuel / minimum
기본 임금 / 월급여 / 최저 임금
bulletin de salaire　급여 명세서
recevoir / toucher un salaire　급여를 받다

■ **satisfaire à** . .　에 만족하다

satisfaire à une demande / requête / revendication
요구 / 청원 / 요구 사항에 만족하다
satisfaire à un engagement / ses obligations
약속 / 의무 사항에 만족하다

■ **sceller** 조인하다, 날인하다

sceller un engagement / pacte / traité / réconciliation / un acte
약속 / 협정 / 조약 / 화해 / 증서에 날인하다

■ **séance**(**session**)　회기

clore / lever / ouvrir / présider / suspendre une séance
회기를 닫다 / 폐회하다 / 개회하다 / 사회를 보다 / 휴회하다

séance close / levée / ouverte / suspendue
폐회 / 폐회 / 개회 / 휴회

■ **service** 서비스, 업무

créer / diriger / organiser un service
서비스를 창출하다 / 이끌다 / 구성하다
être affecté à un service   업무에 종사하다
permuter d'un service à un autre   업무를 서로 바꾸다

■ **signaler**(**faire observer, remarquer, rappeler**)
알리다, 통지하다

J'aimerais signaler, à titre d'information, que . . .
저는 정보 차원에서 . . .을 알리고 싶습니다.
Je vous signale, en terminant, que . . .
마지막으로 당신에게 . . .을 알립니다.
Permettez—moi à cette occasion de vous signaler que . . .
이 기회를 이용하여 당신에게 . . .을 알립니다.

■ **signifier**(**notifier**) 통고하다, 알리다

signifier ses conclusions / intentions
그의 결론 / 의도를 알리다
signifier à qqn que . . .
아무개에게 . . .을 통고하다

■ **situation** 상황

une bonne situation / perdre sa situation
좋은 상황 / 기회를 잃다

■ **solde** 대차, 미불금

le solde antérieur / d'une commande   이전 / 주문 미불금
pour solde de tout compte   모든 청산금으로

■ **solder** 청산하다, 염가판매하다

solder une facture / son compte
계산서 / 계산을 청산하다
solder (mettre en solde) des invendus
팔리지 않은 물건을 염가판매하다

■ **solliciter(demander)** 간청하다

soliciter qqn de faire qqch / au sujet de . . .
아무개에게 무엇을 하라고 / 무엇에 대해서 간청하다
solliciter une faveur / qqch de la bienveillance de qqn
호의 / 아무개의 선의를 간청하다

■ **solution** 해결

la solution d'un conflit / problème / d'une crise / difficulté
분쟁 / 문제 / 위기 / 어려움의 해결

solution définitive / favorable / provisoire / qui comporte des inconvénients
결정적인 / 유리한 / 임시적인 / 불편 사항이 있는 해결

■ **somme** 금액

une somme importante / respectable / rondelette
상당한 / 대단한 / 상당한 금액

allouer / avancer / donner une somme d'argent à qqn
아무개에게 돈을 주다

■ **souscrire** 신청하다, 약속하다

souscrire un abonnement, souscrire à un emprunt
예약 구독을 신청하다, 신용 대출을 신청하다

■ **stipuler** 규정하다, 약정하다

stipuler des avantages / ses intentions
유리한 사항 / 그의 의사를 규정하다

clause / contrat qui stipule que . . .
. . .를 규정하는 약정 / 계약

■ **succès** 성공

obtenir / remporter des succès   성공하다

■ **suite** 계속, 속편, 결과

Veuillez nous informer de la suite qui sera donnée à cette affaire.

이 사건에 주어지는 결과를 우리에게 알려 주시기 바랍니다.

Veuillez donner une suite immédiate à cette affaire.

이 사건에 즉각 이어지는 결과를 알려주시기 바랍니다.

Nous souhaitons qu'il vous sera possible de donner une suite favorable à notre demande.

우리의 요구에 긍정적인 결과를 주실 수 있기를 바랍니다.

■ **supputer** 계산(산정)하다

supputer une dépense / somme / un projet

지출 / 금액 / 계획을 계산하다

supputer ses chances / la probabilité de / une situation

그의 기회 / 가능성 / 상황을 산정해보다

■ **suspendre** 중지하다, 중단시키다

suspendre un délai / paiement   기일 / 지불을 중단시키다

suspendre une séance / session   회기를 중단시키다

■ **suspension** 중지, 중단

suspension d'audience / de la séance   재판 / 회기의 중지

■ **téléphone** 전화

coup de téléphone, annuaire / sonnerie de téléphone
전화 한 통화, 전화 번호부 / 전화 소리
appeler qqn au téléphone   아무개를 전화로 부르다

■ **terme** 기한, 만기

terme échu / qui échoit   기한 만기
achat / vente à terme   정기 구매 / 판매

■ **traite** 어음

échéance d'une traite, traite qui échoit
어음 만기, 만기가 되는 어음
acquitter / escompter / négocier / payer /
présenter une traite
어음을 갚다 / 할인하다 / 양도 매매하다 / 지불하다 /
제시하다

■ **traitement** 대우, 봉급

traitement d'un fonctionnaire   공무원의 처우
recevoir / payer un traitement   봉급을 받다 / 지불하다

■ **transgresser** 어기다, 위반하다

transgresser une loi / des ordres / les règles
법 / 질서 / 규칙을 어기다

■ **vacations(salaire)** 사례금, 보수

vacations d'un expert / notaire / officier ministériel
전문인 / 공증인 / 행정부 간부의 보수

■ **versement** 지불, 입금

versement qui acquitte envers qqn / annule une dette
아무개에 대하여 갚는 / 빚을 취소하는 지불

■ **vigueur** 유효성, 효력

décret / loi / règlement en vigueur 유효한 칙령 / 법 / 규칙
entrer / rester en viguer 효력을 발생하다 / 유효하다

■ **violer(enfreindre)** 어기다, 범하다

violer sa promesse / un serment 그의 약속 / 선서를 어기다
violer un traité / les lois 조약 / 법을 어기다

■ **voter** 표결하다

voter un budget / des crédits / impôts
예산 / 신용 / 세금을 표결하다
voter un projet de loi / une proposition
법안 / 제안을 표결하다.